歴史文化ライブラリー

164

霊場の思想

佐藤弘夫

吉川弘文館

JN225229

目次

霊場への旅——プロローグ

大祭の恐山

夏の大祭の一日、私は北の霊場として有名な下北《しもきた》半島の恐山《おそれざん》を訪れた。恐山の第一印象は、私が抱いていた荒涼とした最果ての境界の地というイメージとはおよそかけ離れたものだった。田名部《たなぶ》の町から恐山へと続く一本道は、バスやタクシーや自家用車の列が続いていた。恐山の入口にあたる、三途《さんず》の川にかかる太鼓橋《たいこばし》付近からは都心並みの渋滞が始まり、広大な駐車場も車で埋まっていて、車を停めるスペースを探すのが困難なほどだった。

門前には「霊場アイス」の幟《のぼり》を立てた露店が立ち、人波に揉《も》まれるようにして総門をくぐれば、恐山にちなんだ演歌が流れていた。門の脇に設けられたテントのブースではイタ

図1　大 祭 の 恐 山（菩提寺山門）

コの口寄せが行われていたが、その語りに真剣に耳を傾ける親族縁者よりは、食べ物を口にしながらのぞき込む冷やかしの観光客の方がはるかに多かった。

総門から続く広い参道の正面には、正面五間のりっぱな山門がそびえていた。山門を抜けると、本堂にあたる巨大な地蔵殿《じぞうでん》が目に飛び込んでくる。参道に沿って四八の石灯籠《いしどうろう》が整然と立ち、その両側には僧坊《そうぼう》や宿坊《しゅくぼう》、湯屋《ゆや》などが並んでいた。

地獄をめぐる

地蔵堂に向かって左手に設けられた柵《さく》を入ると、地獄巡りが始まる。そこにはさすがに霊場の凄《すご》みを感じさせる雰囲気があった。

草木のない荒蕪地《こうぶち》が広がっている。岩と

砂礫《されき》の間の小道を辿《たど》ればあちこちで蒸気が吹き出し、熱湯が湧いている。湯溜まりの一つ一つには、賭博《とばく》地獄・どうや地獄といった名称が付いている。赤や黄に変色した岩があり、ときおり強い硫黄の臭いが漂ってくる。

地獄内には仏像や石碑が点在し、その前にはたくさんの花束や菓子の袋が置かれてある。線香の煙が立ちこめ、いくつもの小さな風車が音もなく回りつづけている。賽《さい》の河原の八角円堂内には、故人の身に付けていた衣類がうず高く積まれていた。

地獄めぐりを抜けた先には、宇曾利《うそり》湖の湖面が広がっていた。南の海を思わせる、異様なほどに青い水面と白い渚《なぎさ》があった。緩やかに弧を描く湖岸に沿って、数えきれないほどの線香と色鮮やかな風車が林立していた。

雲が低く垂れこめ、対岸の山々はガスに覆われていた。湖岸には白い浄衣《じょうえ》を着た一群の人々がいた。一人が水際に進み出て、湖の彼方に向かって何ごとか語りはじめた。耳慣れない魂呼《たまよ》ばいのつぶやきが、風に乗ってとぎれとぎれに聞こえてきた。

遠くでカラスが一声鳴いた。一瞬の静寂があった。人の名を呼ぶ絶叫が湖面に響いた。

霊場と私

私は幼いころから古い神社や霊祠《れいし》の風景が好きだった。木立に埋もれた色あせた赤い鳥居や、祠《ほこら》の前に置かれた小さな白い陶製の狐といった、どうといったこともないものに、なぜか心惹《ひ》かれた。

大学院に進学して日本の思想や宗教を専門に研究するようになると、さまざまな人々に誘われ、全国の霊地・霊場とよばれる場所を歩く機会が増えた。だが古い文献を素材として思想史的な視点から研究を行なってきた私にとって、それは所詮《しょせん》は趣味の域を出るものではなかった。

とはいっても、霊場巡りを重ねるにつれて、読破した霊場関連の文献の数はしだいに増えていった。知的な刺激や感動をもたらす優れた著作に巡り合ったことも、一つや二つではない。

しかしその一方で、私の心の底に、従来の霊場論に対する違和感が少しずつ蓄積していったことも事実だった。自分で足を運び実際にその空気に触れた霊場と、研究書や論文に描かれたそれとの差異が、どうしても埋められなかったのである。

さまざまな霊場論

たとえば、日本史の立場から霊場を取り上げた研究がある。そこでは特定の霊場の成り立ちやその変遷、財政基盤などについて、委曲を尽くした検証がなされている。けれどもその論文からは、私たちが霊場に足を踏み入れたときに感じる、あの生々しい霊性と感動を読み取ることはほとんどできない。

それに対し、霊場の霊性の由来を正面から取り上げたものに、宗教学的なアプローチがある。だがそれについても不満は残った。ややもすれば聖―俗の問題を普遍的で画一的な図式に還元してしまい、霊場の形成と変貌を問うといった歴史的な視点に欠けているのである。恐山一つをとっても、昔から死者の棲む地だったわけではない。その性格には幾度かの決定的な転換があった［宮崎、1］。

それらとは別に、私がガイドブックとしてよく携えていくものに、作家による紀行文がある。それらは一般的に、感性を駆使した臨場感溢れる描写がなされている。だがその一方で、学問的な裏付けに欠けるという印象をどうしてもぬぐい去ることができなかった。

もとよりある対象をあらゆる角度から完璧に捉え切る叙述など、求めるほうが無理であることは重々承知している。学問分野にはそれぞれの守備範囲と方法があるのだから、描きえない側面が出るのはむしろ当然のことなのだ。きちんとした視座と方法を守ってこそ、揺るぎない研究成果が期待できるのである。実際に私はそれぞれのジャンルの優れた仕事をたくさん眼にしてきたし、そこから多くのことを吸収してきた。

だがそれにしても、霊場の歴史についての学問的な一定の水準をふまえつつ、他の人にはできないような独自の切り口から、霊場のもつあの独特の雰囲気をもう少しリアルに伝

図2　霊場に集う人々（『粉河寺縁起』より、和歌山県粉河町・粉河寺所蔵）

えることのできるような仕事はできないものだろうか。——私の心中に、いつしかこうした思いが膨らんでいった。

他方、私には霊場研究に本格的に踏み込まざるをえないもう一つの理由があった。

私は研究者の道に進んで以来、これまでもっぱら文献中心の研究を行なってきた。研究室を離れての霊場巡りは、必ずしも自分の研究と直結するものではなかった。しかし近年、過去の人々の信仰の実態を忠実に再現しようとするとき、親鸞《しんらん》や日蓮《にちれん》といった頂点的な思想家だけを取り上げてそれを行うには、限界があることを痛感するようになった。ある時代の宗教世界の全体像を描くためには、信仰を、それが機能していた現実の場において捉える必要がある。そう考えたとき、生きた信仰実践の場である霊場が、避けて通ることのできない問題として浮かび上がってくるのである。

本書はこうした問題意識のもとに書かれた、私のはじめての霊場論である。

霊場論への視座

私が本書で取り上げるのは、形成期の霊場である。今日列島上に存在する「霊場」の多くは、平安時代から鎌倉時代にかけてその形を整えたものであった。特定の地が神仏の験力《げんりき》の顕現する聖なる空間、あるいは死後の世界への入口とみなされ、たくさんの人々が足を運ぶようになるのである。

なぜ、その時期にそうした観念が成熟し、霊場が集中的に成立するのであろうか。人は霊場になにを求めたのだろうか。

私たちはまずみちのくを代表する二つの霊場、中尊寺《ちゅうそんじ》と立石寺《りっしゃくじ》を尋ねてみることにしよう。そこに残る、ある不思議な謎を取り上げるところから、霊場への旅の第一歩を踏み出すことにしたい。

なお、「霊場」という表現は、近世以前にはほとんど用いられなかったものである。中世では神仏の霊験《れいげん》あらたかな地を指す場合に、「霊地」「霊験所」という言い方のほうが一般的だった。本書で「霊場」という際には、それらの言葉で表現される地をも含めた広い意味で使用することにする。

山寺の誕生

ミイラの棲む山　中尊寺

平泉の濫觴

岩手県の中央に位置する北上盆地を、北から南へと貫流する東北一の大河北上川は、一関《いちのせき》の手前で大きく左に折れ、東へと向きを変える。北上川が方向を転ずる個所に近づくにしたがって、両側の山々は急速に接近し、広々とした盆地はしだいに峡谷の様相を呈する。そのもっとも狭まった個所で、西側の山地から北上川に向かって舌のようにせり出した丘陵上に中尊寺《ちゅうそんじ》はある。

この丘陵は関山《かんざん》とよばれた。関山はその名の示すとおり、背後を流れる衣川《ころもがわ》とともに、奥六郡とそれ以南の地とを隔てる境界の山だった。

奈良時代までは、衣川から北は中央政府の権勢の及ばない蝦夷《えぞ》の世界だった。平安時代に入って、征夷大将軍《せいいたいしょうぐん》坂上田村麻呂《さかのうえのたむらまろ》によってそこが征服されると、この地の住民は「俘囚《ふしゅう》」とよばれ、胆沢《いさわ》に設けられた鎮守府《ちんじゅふ》の支配下に置かれた。

　鎮守府の統治のもとで行政組織が整えられていった北上盆地に、胆沢郡以下の「六郡」の名が出そろうのは十世紀も後半のことであった。この奥六郡を統括するために「六郡郡司」が設けられるが、その職に登用されたのが「俘囚の長」である安倍《あべ》氏である。以後安倍氏は衣川館《たて》を本拠地として、三代にわたってこの地に並ぶもののない威勢を奮った。北上盆地の北を限る西岳と七時雨《ななしぐれ》山の鞍部《あんぶ》を越えたところに位置する天台寺は、この安倍氏の氏寺であったといわれる［高橋、77］。今もそこに残る平安時代中期の仏像群は、安倍氏の往時の栄華を偲《しの》ばせるものである。

　しかし、やがて安倍氏の繁栄にも終止符が打たれる時がくる。前九年の役（一〇五一～六二）で、貞任《さだとう》・宗任《むねとう》の兄弟が陸奥守《むつのかみ》源頼義《よりよし》と出羽仙北《せんぼく》地方を支配する清原武則《きよはらのたけのり》との連合軍に破れ、安倍氏はあえなく滅亡するのである。

清衡の台頭

安倍氏亡き後、六郡郡司の地位に就いたのは戦役の勝者である清原武則だった。だが今度はその清原氏に、氏族を二つに分ける骨肉の内乱が起こる。後三年の役（一〇八三～八七）である。この乱の渦中で最後に勝ち残ったのが、藤原清衡《ふじわらのきよひら》

図3　進撃する源義家（『後三年合戦絵巻』より、東京国立博物館所蔵）

だった。

清衡は前九年の役で敗死した亘理経清《わたりつねきよ》と、安倍頼時の娘の間に生まれた。乱後、その母は勝者である清原武貞《たけさだ》に嫁した。その結果、清衡は父の敵である武貞を継父とすることになった。

武貞が没すると、清衡は源義家の助力をえて同母弟である家衡《いえひら》を打ち破り、後三年の役に勝利を収めた。これによって、安倍氏の遺領に加えて清原氏の本拠地であった出羽仙北地方までも支配下に収めた清衡は、一二〇〇年ごろ、関山の麓に広がる平泉《ひらいずみ》の地を新たな都と定めた。

それまで「奥六郡の主」であった安倍氏や清原氏は、いずれもその本拠地を衣川よりも北に置いた。それに対し藤原清衡の平泉は衣川の南に位置していた。清衡はその本拠地を奥六郡の外に移すことによって、彼が「奥六郡の主」という立場を越えて、全奥州の覇者としての立場にあることをはっきりと示そうとしたのである。

そうした清衡の野望を裏付けるかのように、清衡は奥州の南を区切る白河の関から北限の外が浜（陸奥湾）に至るまで、街道の一町（一〇八メートル）ごとに、金色《こんじき》の阿弥陀仏《あみだぶつ》を描いた笠卒塔婆《かさそとば》を建てたという。国の中心となる関山には山頂に塔を建て、奥の大道を通して関路を開いた。奥の大道を辿《たど》る旅人は月見坂を登り、金色堂前の広場で右に折れ、山上に建立された多宝寺などの豪勢な堂舎を拝しながら、いまの能楽堂のあたりから衣川に向かって坂道を下るというコースを取ったのである［斎藤、92］。

まさしく関山は、新たに打ち立てられた清衡王国の中核となるべき聖地だった。清衡はそこに贅《ぜい》を尽くして中尊寺を建立した。中尊寺と金色堂の建立には、奥州全域の支配者たらんとする清衡の自負と野心が込められていたのである。

平泉を歩く

東北本線の平泉駅は新幹線の停まる一関から東北本線に乗り換えて、北に二つ目の駅にあたる。年間三〇〇万人もの観光客が訪れるとは思えない、こぢんまりとした駅舎である。

中尊寺は平泉駅から北北西に一・五キロほどの距離にある。駅前からバスも出ているが、歩く場合は駅正面の道をまっすぐ西に向かい、一〇〇メートルほどで突き当たる国道四号線を右に折れ、北に向かうのが最短距離である。私はいつも四号線を横切ってさらに先に進み、山沿いの旧道を歩くことにしている。

この日も私はこのルートをとった。寒さの厳しい二月中旬の日だった。歩道はきれいに除雪されていたが、その両わきには雪のかたまりが積み上げられていた。

平泉駅前は整備事業によって面目を一新した。通りは広げられ、新しい土産物屋が建ち、歩道には色鮮やかな敷石が敷かれた。しかし、さすがにこの日は駅前の人影もまばらだった。駅前には客待ちのタクシーが何台か、所在なげにエンジンをアイドリングしていた。私は古都には似つかわしくないモダンな歩道を西に向かった。

一〇分ほど歩き、家並みが途切れはじめると、まもなく毛越寺《もうつうじ》である。この寺は第二代の基衡《もとひら》が建立したものだった。かつては中尊寺を凌《しの》ぐほどの大寺院だったといわれるが、のちに衰退し、戦前までは大部分が田地となっていた。いまは隣接する観自在王院とともに復元され、中尊寺と並んで多くの観光客を集めている。平安時代後期の様式をもつ浄土庭園で有名である。

毛越寺に突き当たったところで北に折れ、観自在王院との間の道に入る。ここは車宿《くるまやど》りも設けられていた、藤原時代のメイン・ストリートだったところである。道は埋経《まいきょう》のある金鶏山《きんけいざん》の山すそを、回り込むように緩やかに登っていく。道が下り勾配になると、まもなく国道四号線との出会いである。

広い国道に出ると、正面に黒々とした杉林に覆われた小高い丘が目に飛び込んでくる。関山中尊寺である。国道をしばらく歩くと、左手に寺への上り口がある。月見坂と呼ばれるこの参道は、かつてはみちのくを南北に貫く奥の大道でもあった。坂下には町営の駐車場があり、食堂や土産物店が軒を並べている。

芭蕉の旅

かつて俳人松尾芭蕉も中尊寺を訪れている。元禄《げんろく》二年（一六八九）五月十二日、芭蕉はみちのく行脚《あんぎゃ》の旅の途次、藤原三代の旧都平泉に足を延ばした。平泉に入った芭蕉は、旧跡を一望することのできる北上川沿いの高台、高館《たかだち》に登った。高館はかつては義経の館跡と伝えられた場所である。

高館からは南の方角に平泉の都の跡を望むことができる。いまは眼下の川沿いに、秀衡《ひでひら》時代の政庁跡「柳の御所」の発掘現場が見える。

三代の栄耀《えいよう》一睡の中《うち》にして、大門《だいもん》の跡は一里こなたに有。秀衡が跡は田野に成《なり》て、金

図4　中尊寺金色堂に続く参道（月見坂）

鶏山のみ形を残す。（『おくの細道』）

芭蕉が訪れたときには、ここは一面に田畑や荒蕪地《こうぶち》が広がっていただけだった。高館から夏草に覆われた旧跡を眺め、しばしつわものどもの夢の跡に思いをいたした芭蕉は、月見坂を辿って関山に登り、中尊寺に詣でた。

私も芭蕉と同じ道を辿って山上をめざすことにする。店の立ち並ぶ門前を離れて一歩坂に足を踏み入れると、一気に霊場の趣が深まる。参道の両側には、樹齢数百年の杉の巨木が立ち並んでいる。急坂を一歩登るごとに雪は深くなり、道も雪に覆われてくる。厳冬期のオフシーズンとはいえ、さすがに中尊寺を訪れる人の影は絶えない。

広い参道を、人はみな思い思いのルートをとって滑らないように慎重に足を運んでいる。

坂の途中には、さまざまな神仏を勧請《かんじよう》するお堂がある。北の方角を一望できる物見台もしつらえられている。そこから望めば、雪に覆われた田園を黒い帯のような衣川が東西に横切っている。右手に位置する北上川を隔てた対岸には、漂泊の歌人西行がその桜に感嘆したという田稲《たばしね》山が、五九六メートルという標高の割には意外に存在感のある姿をみせている。

登りがようやく緩やかになると、右側に本堂が現れる。さらに進んで参道を登り詰めた場所に、金色堂《こんじきどう》はある。

芭蕉のみた光堂

芭蕉は金色堂を覆う覆堂に足を踏み入れた。芭蕉の時代の中尊寺は、まだ仙台の伊達《だて》氏による本格的な復興以前で、寺勢はいまほど盛んではなかった。参道も半ば草に覆われ、堂舎の数もまばらだった。覆堂も現在のコンクリート製のものとは違って、鎌倉時代に建てられた古い建造物だった。

それだけに、はじめて目の当たりにする金色堂の印象は強烈だった。

五月雨《さみだれ》の降《ふり》のこしてや光堂《ひかりどう》　（『おくのほそ道』）

覆堂内部のほの暗い空間にあっても、その存在感は圧倒的だった。五〇〇年の時を越え、うわさにたがわぬきらびやかな姿をとどめていた。金と螺鈿《らでん》の光の交錯する室内には、贅を凝《こ》らした荘厳具《しょうごんぐ》に囲まれて、これまた金色の輝きを放つ諸仏が鎮座していた。極楽浄土を連想させる、皆金色《かいこんじき》の小宇宙がそこにあった。

いま金色堂は戦後に造られた覆堂にすっぽりと納められている。昭和の大修理を経て金箔を貼り直した金色堂は、ガラス・ケースに収納されたミニチュアモデルのようにみえる。芭蕉を感嘆させ、いまも私たちを感動させつづけている金色堂は、最初に述べたように、奥州の覇者藤原清衡によって建立されたものである。上棟は天治《てんじ》元年（一一二四）、清衡六十九歳の時だった。当時の建築・工芸・彫刻の粋を集めたこの建物は、さながら十二世紀の文化を凝縮して後世に伝えるタイムカプセルであった。

葬堂としての金色堂

平安時代後期の絢爛華麗な文化の頂点ともいうべき金色堂は、他方ではもう一つの顔をもっていた。死者を葬る葬堂《そうどう》としての機能である。芭蕉は『おくの細道』に、「光堂は三代の棺を納め、三尊の仏を安置す」と記している。堂内には仏像を載せる三基の須弥壇《しゅみだん》が設けられているが、それぞれの壇の内部には金棺に入れられて、ミイラ化した三代の遺体が納められているのである。

昭和二十五年（一九五〇）、さまざまな分野の学者集団によって、これらの遺体に対する本格的な学術調査が実施された。かつて讃衡蔵《さんこうぞう》では、その際に撮影されたフィルムが上

図5　覆堂におおわれた中尊寺金色堂

映されていた。私も小学生のころ、はじめて中尊寺を訪れたときにそれをみている。暗い室内で映される白黒の画面が、生々しくも不気味だったことを記憶している。

それまで堂内の三つの須弥壇は、そこに安置された遺体の名を取って、それぞれ清衡壇（中央）、秀衡壇（向かって左）、基衡壇（右）と呼ばれていた。しかし、この調査とその後の検討によって、従来秀衡・基衡のものと思われていた遺骸が、実は逆であったことが明らかになった。

また秀衡壇の下には棺の側に首桶《くびおけ》があり、やはりミイラ化した頭部が納められていた。この首は、義経に味方して兄泰衡《やすひら》に打たれた、忠衡《ただひら》のものといわれていた。だが首には一面にめった切りにされたような傷が残っていた。また眉間《みけん》には鉄くぎを刺したような後頭部にまで貫通する穴があり、この人物が死後にくぎ打ちのさらし首に処せられたことを窺《うかが》わせた。

いくら仲違いしたからといっても身内をさらし首にしたとは考えがたく、そうしたことから、これは忠衡ではなく、頼朝と戦って敗死した平泉第四代の泰衡と考えられるようになった。

皆金色の黄金世界とミイラ。――この明と暗ともいうべき不思議な取り合わせは、人々の好奇心と想像力をかき立てずにはおかなかった。ミイラは自然にできたものか、人工的なものか。人工的なものとすれば、だれが造ったのか。わざわざ仏像の鎮座する須弥壇の下に納めた意図は何か。これらの謎を解くべく、これまでもさまざまな仮説が提示されてきた。

だれがミイラを造ったか

その代表的なものの一つが、遺体になんらかの人為的な手が加わっていることを前提として、カラフトのアイヌにみられたミイラ葬法の影響を指摘するものである。これは昭和二十五年に行われた遺体の学術調査の委員であった、田澤金吾・森嘉兵衛両氏によって示された見解である［田澤・森、50］。

間宮林蔵《まみやりんぞう》がカラフトでの見聞を記した『北蝦夷図説』には、当地のアイヌがウフイとよばれる部族長のミイラを作製していたことが記されている。「東夷の遠酋」（「中尊寺供養願《くようがん》文《もん》」）＝アイヌの末裔《まつえい》を自任する藤原氏が、こうした風習を受け継いでいてもなんら不思議はない、という主張である。しかし、この説は藤原三代が土着の人間ではなく、京下りの貴族の系譜に連なるものだったことなどが明らかにされて、しだいに否定されるようになった。

代わって浮上したものが、極楽往生の証《あかし》として永久に崩れることのない肉体を残すためにミイラに加工した、という説である。

十二世紀は、死後阿弥陀仏のいる極楽浄土に往生することを願う浄土信仰が全盛を迎えていた時だった。藤原頼通が、「極楽の存在が不審に思われるなら、宇治の御寺を拝観なさい」（『後拾遺往生伝《ごしゅういおうじょうでん》』）といわれた平等院鳳凰《ほうおう》堂を建立したのは、これに先立つ天喜《てんぎ》元年（一〇五三）のことだった。藤原三代もまた熱心な往生浄土の信仰を抱いていたことは、彼らが建立した寺院や仏像から明らかである。金色堂の中尊も極楽浄土の教主阿弥陀仏だった。

その際、浄土信仰において常に問題となったのは、故人が本当に往生したか否かをどうすれば確かめることができるか、という点だった。入滅《にゅうめつ》にあたって音楽が聞こえたりよい香りがしたりすることは、往生の証と考えられた。死者自身が夢枕に立ち、往生したことを告げる場合もあった。そうした中にあって、死体がいつまでも腐乱しないことも往生成就の有力な証拠と信じられたのである。

故人が往生を遂げた根拠として遺体が腐乱しないことを挙げる例は、平安時代後期の「往生伝」などに散見する。中国では実際に遺骸に防腐処置を施してミイラにする例もみられるという。清衡の遺族たちはその遺体にミイラ化する処置を施すことによって、彼を往生確定者として位置づけた。そのうえで、それを今度は「奥州のいっさいの怨霊《おんりょう》の救済者」として、金色堂内に安置したと考えるのである［石田一、78］。

霊場とミイラと

藤原三代のミイラはなぜ金色堂内に安置されなければならなかったのか。――いまいくつかの代表的な説を紹介したが、これ以外にもさまざまな見解が提示されてきた。それらは、いずれもなかなかに興味深いものである。しかし、どれをとっても私にはいまひとつしっくりくるものがなかった。

この問題は中尊寺だけをみていても、おそらく解決の糸口を見出すことは不可能であろう。霊場や死霊についての当時の観念を広く明らかにし、そのコンテクストの中で検討を加える必要がある。さしあたって私が目を向けたいと思うのが、中尊寺と並んでみちのくを代表するいま一つの霊場、山寺立石寺《やまでらりつしゃくじ》である。ここは中尊寺に続いて芭蕉が訪れた地でもあった。

私たちもまた芭蕉と歩みを同じくして、尿前《しとまえ》の関から奥羽山脈を抜け、山形県の立石寺へと足を運ぶことにしよう。

封印された岩窟　立石寺

尿前の関を越える

中尊寺を後にした芭蕉は、一関《いちのせき》からは奥羽山脈寄りの道をとって南下し、岩出山《いわでやま》で右に折れて陸羽《りくう》街道を西に向かった。鳴子《なるご》温泉を通り尿前《しとまえ》の関を抜け、険しい山道を踏破して最上盆地に入った芭蕉の一行は、尾花沢《おばなざわ》の豪商鈴木道祐の歓待を受けた。一週間ほどの逗留の後、芭蕉は人々の勧めるままに立石寺《りっしゃくじ》へと足を伸ばした。

尾花沢からは羽州街道を南に下った。将棋《しょうぎ》の駒の生産で知られる天童市あたりで山寺《やまでら》街道へと分かれ、一路東の方、奥羽山脈の懐に抱かれた山寺をめざした。尾花沢から山寺まで七里、丸一日の行程だった。

今回の山寺探訪の旅は車を使った。立石寺は立谷川《たちゃ》の作る扇状地の要《かなめ》の位置にある。芭蕉と同じルートを辿《たど》って、天童から葉を落とした果樹園の中の道を東に向かうと、しだいに両側から山が迫ってくる。三月とはいえ、みちのくの春は遅い。街道の周辺には雪がないが、周囲の里山では残雪が黒々とした木々の幹を浮かび上がらせている。それでも窓から差し込む日差しには、さすがに春を思わせる華やかさがある。

山寺の風景

谷の奥に、真っ白な壁となった奥羽山脈の主稜線がみえてくる。周囲の空が黒ずんでみえるほどに、春の陽に光り輝いている。主峰蔵王連峰からかなり北に入ったこのあたりでは、主稜線とはいっても、その標高は一〇〇〇メートル《メートル》をわずかに越えるにすぎない。よほどの山好きでもなければ名を知らない、小東岳《こあずまだけ》・糸岳・山王岳・神室岳《かむろだけ》といった二口《ふたくち》山塊の山々が、稜線上に瘤《こぶ》のように飛び出している。しかし、この付近の山は驚くほど懐が深い。仙台と山形という中核都市に挟まれていながら、登山者もほとんど訪れることのないこの地味な山域には、ブナの原生林が生い茂り、多くの猿や熊やカモシカが生息している。この周辺の山々が好きだった私は、学生時代には週末ごとに藪に覆われた尾根や沢筋を歩き回った時期があった。

山寺から道は二手に分かれる。左はかつては立石寺の一角を構成していたと推定される千手院を経て、紅葉川渓谷《もみじがわ》・面白山《おもしろやま》へと向かう道である。右が二口峠を越え、秋保《あきう》温泉を経由して仙台に至る二口街道である。

二口街道は山形と仙台を結ぶ最短のルートとして、江戸時代には往来する人々でにぎわった。山寺を越え宿場町の風情を残す馬形の集落を過ぎると、二口街道は谷あいの道となる。杉林と果樹園を縫う道はほどなく谷の奥に突き当たり、ここから車道と別れての、小さな沢に沿った主稜線への登りが始まる。幾度か小川を渡りながらつづら折りの道を上り詰めると、標高九三四㍍の二口峠に飛びだす。

峠付近はいまは林道が通り、無残に荒れ果ててしまったが、山形側の登山道はいまだに昔の街道の面影を残している。峠を宮城側に下りると、江戸時代の二口番所跡がある。いまは苔《こけ》むした追分石《おいわけいし》がひっそりと残っているだけである。

山寺を登る

山寺を訪れるには一般的には仙山線《せんざん》を用いるのが便利である。仙台から快速で五〇分、山形からは普通列車でも二〇分で着く近さである。駅のホームに下り立つと、北側の正面に山寺の全景が眺められる。木々に覆われた険しい山腹からはたくさんの巨岩・奇岩が突き出し、岩上にはいくつもの堂舎が点在している。

今回は門前町手前の駐車場に車を止めた。有料駐車場ということにはなっているが、広大な構内には人影はみえない。自分で料金箱にお金を入れる仕組みになっている。車を捨てると、歩いて山門に向かった。昔ながらの門前町には商店が軒を並べている。手打ちそばの店が多い。「円仁《えんにん》さん」という菓子の看板が目に付く。商店の店先に置かれた大鍋からは湯気が立ち上り、名物の力コンニャクの匂いが漂ってくる。

しばらく行くと左手に広い石段があり、その先が立石寺の入り口になっている。私は階段を上り、寺の境内に足を踏み入れた。

境内に入ると、正面には重要文化財に指定されている根本中堂《こんぽんちゅうどう》がある。室町時代に立てられた桁行《けたゆき》（正面）五間の堂々たる建築である。この建物は柱などにブナ材が用いられている。建材にブナが使われるのは珍しいが、それがきびしい風雪に耐えてここまで長らえた原因となったという。内陣には慈覚《じかく》大師が手ずから刻んだという秘仏の薬師如来《やくしにょらい》像が祀《まつ》られ、織田信長《おだのぶなが》の焼き打ち後の比叡山《ひえいざん》に分灯したという「千二百年不滅の法灯」がともされている。

根本中堂の前を先に進むと山門があり、ここから奥の院への本格的な登りが始まる。

日いまだ暮《くれ》ず。麓《ふもと》の坊に宿かり置て、山上の堂にのぼる。岩に巌《いわお》を重ねて山とし、松《しょう》柏年旧《はくとしふり》、土石老て苔滑《こけなめらか》に、岩上の院々扉を閉て物の音きこえず。岸をめぐり岩を這《はい》

図6　立石寺根本中堂（本堂）

て仏閣を拝し、佳景寂寞《かけいじゃくまく》として心すみ行《ゆく》のみおぼゆ。（『おくのほそ道』）

立石寺を訪れ奥の院への参道を辿る人々は、だれしもがこの芭蕉の言葉と同じ感慨を抱くに違いない。山門から奥の院まで続く八〇〇余段の石段に沿って、波打つように重なる巍々《ぎぎ》たる奇岩に、あるいは隠れるようにあるいは寄り添うように、諸堂が散在する。岩の間を縫うようにして続くけわしい参道の傍らには、歳月を経た杉の巨木が立ち並び、苔むした岩膚には供養塔婆が刻まれている。ここかしこに後生車や笠《かさ》塔婆がひっそりと立っている。

山寺は納骨の寺でもあった。いまなお奥の院には、地元の人々が歯骨を納める習慣が続いているという。岩にはあちらこちらに穴が穿《うが》たれ、長年にわたる納骨の形跡が見て取れる。

私は参詣者に交じって、天まで続くかと思われる長い石段を登った。

慈覚大師の足跡

山寺は寺伝によれば、貞観《じょうがん》年間（八五九〜七七）に慈覚大師円仁によって開かれたという。銘菓「円仁さん」の由来となった人物である。この寺は「奥の比叡山」ともよばれる、みちのくの天台宗屈指の古刹《こさつ》だった。

円仁は伝教《でんぎょう》大師最澄《さいちょう》の弟子である。承和《じょうわ》五年（八三八）中国に渡って五台山・長安を巡り、一〇年に及ぶ滞在ののち新たな行法を日本にもたらし、天台密教の基盤を確立した。中国滞在中、武宗皇帝の仏教弾圧（会昌の破仏）に遭って還俗《げんぞく》を余儀なくされるなど、たいへんな辛酸をなめた。この旅の体験を記した旅行記『入唐求法巡礼行記《にっとうぐほうじゅんれいこうき》』を残している。帰国後に比叡山延暦寺《えんりゃくじ》の第三世座主に就任し、のちには奥州を巡って教化を行なったと伝えられる。貞観六年（八六四）の入滅から二年後に、伝教大師号を贈られた最澄とともに、日本最初の諡号《しごう》である慈覚大師号を勅許されている。

東北には慈覚大師が開山や中興とされる古寺が多い。かの中尊寺もその一つだった。日本三景で有名な松島の瑞巌寺《ずいがんじ》も、その前身となる天台寺院は円仁の開いたものとされる。

図7　東光寺の石窟「宵の薬師」

山寺の先にある二口峠には慈覚大師が開いたという伝承があり、そこを宮城県側に越えた秋保温泉周辺には、やはり慈覚開基と伝えられる秋保大滝不動や洞窟堂《いわや》（塩滝不動尊）が残されている。

また仙台市の近郊には七北田《ななきた》川沿いに、「宵の薬師」（東光寺）、「夜中の薬師」（菅谷）、「夜明けの薬師」（湊浜）とよばれる三つの石窟がある。これらは慈覚大師が一夜のうちに彫り上げたものという伝説をもっている。湊浜の薬師堂には、慈覚大師自作とされる僧形の坐像もある。

「若松さま」で知られる山形の若松寺も慈覚中興の寺伝をもち、岩手県の遠野には慈覚大師の開基と伝えられる七観音が現存している。思えば下北の恐山《おそれざん》も、慈覚大師が開基だった。

円仁の肖像彫刻も各地にみられる。立石寺には後に述べる首の彫刻のほかに、全身の坐像がある。蘇民将来《そみんしょうらい》の祭りで有名な岩手県の黒石寺《こくせきじ》には、慈覚大師像と伝えられる平安時代の坐像が残されている。

円仁とのなんらかの関係を想像させる仏像も少なからず存在する。三陸沿岸の陸前高田市の常膳寺《じょうぜんじ》や観音寺には、慈覚大師が中国から将来した古風な様式を残す十一面観音があるという〔田中恵、99〕。

西国には弘法大師伝説が多い。それに対し、東北には至るところに慈覚大師の足跡《そくせき》が存在するのである。

山寺の開基伝承

東北の慈覚大師開基伝説は、ほとんどの場合それを裏付ける客観的な物証は皆無である。ところがこの立石寺に限っていえば、円仁との実際の結びつきを暗示するようないくつかの具体的な痕跡を発見することができる。

なかでも、特に注目されるのが、円仁が立石寺で入定《にゅうじょう》したという伝承である。鎌倉時代の僧日蓮《にちれん》は、慈覚大師の御墓は出羽の国の立石寺にある、という言葉を残している(『慈覚大師事』)。立石寺という一寺院を越えて、中世には円仁が山寺に葬られているという風聞が広まっていた事実が窺える。そしてこの伝承と符節を合わせるように、立石寺には円仁が入定（悟りを開いて瞑想を続けること）していると伝えられる岩窟＝「入定窟」が現存するのである。

昭和二十三年（一九四八）十一月一日、山形県史跡名勝天然記念物調査委員会によって、この入定窟の調査が行われた。

入定窟は巨岩が立ち並ぶ山寺の中でもひときわ目を引く、百丈岩《ひゃくじょう》とよばれる巨岩の上部にある。百丈岩のてっぺんには、朱色の小ぶりな納経堂がぽつんと立っている。入定窟の入口はこの岩の谷に面した側にあり、いまは立ち入ることができない。

窟は中央の高さが九七チセン、左右四メートル一八チセンで、人間の目のような形をしており、洞窟というよりは岩の割れ目のようにみえる。上下の岩盤に孔《あな》を穿って五本の角材がはめ込まれ、横木がくぎ付けされ、その上から二重に板張りして厳封されていた。

入定窟の開封

慎重に封を開いていった調査委員の目に、やがて驚くべき光景が飛び込んできた。奥行き一メートル六六チセンの窟内には、手前に側面をみせるように一つの棺が置かれていた。全体を覆っていた杉の箱蓋《はこぶた》を取りのけると、中には長さ一八八チセン、幅五〇チセン、高さ二七チセンの立派な金棺が納められていた。ほとんど剥離してはいるものの、漆を塗った上に全面に金箔《きんぱく》を押したものだった。中尊寺三代の遺骸を納めた棺を思わせる、きわめて豪勢な造りだった。

箱蓋の正面中央には板札が張り付けられ、立石寺住持に任命された宗海が入定窟の荒廃の著しいことを嘆いて、貞享《じょうきょう》四年（一六八七）に修補を加えた旨が記してあった。

金棺を開いてみると、さらに調査メンバーを驚愕させるものがあった。金棺内には、原寸大よりはやや小ぶりな頭部の木造彫刻と、頭蓋骨を欠く人骨が納められていた。

頭部像は平安時代前期の優れた肖像彫刻だった。実際のモデルがなければ表現できないような、個性的でリアルな描写がなされていた。制作された時代と、慈覚大師の入定窟という寺伝を突き合わせると、この木像頭部が慈覚大師の肖像であることに疑問の余地はなかった。この首はやがて「円仁の御首《おくび》」とよばれるようになる。

図8　円仁頭部像（山形市・立石寺所蔵）

興味深い点は、ほかにもあった。一つは、この彫刻が全身像の一部ではなく、最初から頭部だけ製作することを目的としたものだったことである。しかも後頭部は転がりにくいように、平に削られていた。つまり、これは後頭部を下にして、寝かせる形で安置することを想定して作ったものなのである［小林、50］。

棺内の人骨は火葬骨二体、非火葬骨三体の、合わせて五体分があることが認められた。そのいずれもが、頭部（頭蓋骨）を欠いていた。もっとも古い非火葬骨は平安時代初期まで遡《さかのぼ》らせることが可能であり、円仁本人のものと考えて不自然ではないという［鈴木、50］。

これらの点を総合して考えると、円仁の骨をこの岩窟に葬るにあたって、その当事者は欠落していた頭部を肖像彫刻によって補い、体の骨とワンセットにして金棺に納めたものと推測される。そして、金棺を入定窟に納めた時点かそれ以後のある時期か、にわかに断定はできないが、慈覚大師がこの岩窟内で生きたまま瞑想を続け、遠い未来まで人々を見守りながら未来仏＝弥勒《みろく》仏の下生《げしょう》（この世への降臨）を待っている、という伝承が作り上げられていったのである。

首の彫刻の謎

このように考えてもなお、この入定窟については依然としてわからないことばかりである。なぜ、頭蓋骨が欠けているのか。だれが頭部の彫刻を作り、金棺に納めたのか。なぜこうしたことをしなければならなかったのか。そもそも、人骨は本当に円仁のものなのか……。

私たちはここまで、みちのくを代表する中尊寺と立石寺という古来の霊場を巡り、そこに残された謎を取り上げた。ミイラと頭部の彫刻——両者に共通するものはまったく何もないようにみえる。実際にこの二つを突き合わせて考えようとした試みは、私の知るかぎり皆無である。しかし、私はこの二つの謎は、ある部分で密接に関わっているように思えてならない。

そのキーワードとなるものが「霊場」と「入定」である。ただしこれらはみちのくの二寺だけにとどまらず、平安期の信仰世界そのものを考えるうえでも見逃すことのできない観念だった。

そこで私たちはこの問題に踏み込む前に、いずれも平安時代前期にその濫觴《らんしょう》をもつ中尊寺と立石寺が、日本の寺院史の中でどのように位置づけられる存在であったかを、巨視的な立場から確認しておくことにしたい。

都市の寺から山の寺へ　延暦寺

比叡山寺の成立

京都の東に連なる東山《ひがしやま》の山並みを北に辿《たど》ると、その先に整った三角形をしたひときわ高い山容が目に入る。「都の富士」とよばれ、古くから京の人々に親しまれてきた四明ヶ岳《しめいがだけ》である。京都の鬼門にあたる北東に位置するこの山は、都への悪鬼の侵入を防ぐ王城鎮護の道場として崇敬を集めてきた。

四明ヶ岳から北に延びる比叡《ひえい》の山並みの中に、延暦寺《えんりやくじ》はその広大な寺地を占めている。険しい山腹に切れ込んだ谷や、主脈から別れた尾根筋のわずかな平地を巧みに利用しては、「三塔十六谷」と総称される膨大な伽藍《がらん》群が配されていた。

比叡山延暦寺の濫觴《らんしょう》は延暦四年（七八五）、伝教《でんぎょう》大師最澄《さいちょう》がこの山に入り、草庵を結んだことにあるといわれる。中尊寺《ちゅうそんじ》、立石寺《りっしゃくじ》を開いたとされる慈覚《じかく》大師円仁《えんにん》の師匠にあたる人物である。

当初は寺ともいえない質素な小堂を持つにすぎなかった。だが、やがて最澄が桓武《かんむ》天皇の知遇を得るに至って、比叡山寺とよばれていたこの寺は、天皇の援助を受けて急速に寺容を整えていくのである。

弘仁《こうにん》十三年（八二二）、日本に天台宗を伝え、新たな平安仏教の幕開けをもたらした最澄はこの寺で没した。最澄の死の翌年には「延暦寺」という寺号を勅許《ちょっきょ》され、正式に官寺の列に加えられた。

それ以降も、比叡山には良源ら政治的手腕に優れた僧が相次いで出現し、寺勢は拡大しつづけた。その結果院政期には、興福寺などの「南都」（奈良）の伝統寺院に対し、「北嶺《ほくれい》」と称されるほどの、日本屈指の大寺院にまで発展するのである。

坂本の町並み

浜大津を出た京阪電車は頻繁に停車を繰り返しながら、琵琶湖沿岸を北に向かってのんびりと走った。ときおり右の車窓から、家々の屋根越しに琵琶湖の水面が緑色ににぶく光ってみえた。湖面には白い帆をあげたたくさんのヨットが浮かんでいた。

図9　日吉馬場に沿って続く穴太積みの石垣

坂本は京阪石山坂本線の終着駅である。駅を出るとすぐに広い道にぶつかる。町の中心を貫く日吉《ひえ》神社への参道、日吉馬場である。山上に向かうケーブルの乗り場は、この緩やかな長い坂道を上り詰めた先にある。

日吉馬場の両側には、穴太《あのう》積みとよばれる独自の工法で築かれた石垣が続いている。自然石を組み合わせた石垣の落ち着いた色調が、その上に延びる白壁の鮮やかさと絶妙のコントラストをなしている。

坂本は寺の町である。いまも五〇ほどの里坊《さとぼう》が寺町を形づくっている。修行と学問を目的とする比叡山上の山坊に対し、里坊はもともと病気や老齢の僧のための保養の地だった。また、女人禁制の山内に入ることができない、僧侶の母や妻子が住む場所でもあった。かつてここには参詣者のための宿坊《しゅくぼう》が立ち並び、山上で消費される膨大な物資が集積されていた。

坂本は中世には湖上交通の要衝《ようしょう》としても知られていた。北陸からの米や物資は、琵琶湖の水運を利用したのちここで陸揚げされて京都に運ばれた。元亀《げんき》二年（一五七一）の織《お》田信長《だのぶなが》による比叡山焼き打ちまでは、湖上交通の要所であった坂本には馬借《ばしゃく》などの運送業者が集住し、活気に溢れたにぎわいをみせていたのである。

つぼみのほころびはじめた桜並木の日吉馬場を山の方角に向かうと、正面右手にこんもりと木の茂った円錐《えんすい》形の山がみえる。八王子山・牛尾山などとよばれる、日吉神社の神体山である。大比叡連峰を背景にして、小さいながら整った山容をみせている。

この山の頂には、古代の祭祀の場である磐座《いわくら》がある。またこの山を取り囲むように、古墳時代後期の横穴式古墳が多数分布している。比叡山寺が成立する以前から、八王子山を対象とする祭祀が営まれていたことがわかる。山王神道の源泉は、こうした太古の山岳信仰にまで遡《さかのぼ》るものだった。

ケーブル坂本駅は、昭和二年（一九二七）に竣工したレトロな雰囲気を持った建築である。比叡山高校の脇を抜けた先の、谷の奥まったところにある。ここからケーブルに乗ると一挙に比叡山上である。

山上に登る

日本一の長さを誇るだけあって、乗車時間はかなり長く感じられる。鮮やかな赤と緑に塗り分けられた車体は一見ヨーロッパの登山電車を思わせるが、「縁号《えに》」「福号」というネーミングはさすが比叡山である。車両が高度をあげるにしたがって視界は開け、下方に琵琶湖がその姿をあらわにしてくる。整然と植林された檜の木立で切り取られた琵琶湖は、湖というよりは大きな川といった印象を与える。

山上の延暦寺駅もまた、大正の雰囲気を残した二階建ての瀟洒《しょうしゃ》な建築である。駅舎を出ると空気が冷たく感じられる。もう四月というのに、濡れた路面と葉を落とした裸の木々が寒々しい印象をいっそう際立たせている。

駅からは山腹を切り開いた車道が続いている。道端から下をのぞくとかなりの急斜面である。数分歩くと深い谷を隔てた向かい側に、杉の巨木の幹越しに寺の建物がみえてくる。東塔の伽藍群である。

東塔・西塔・横川《よかわ》の三塔の中でも、根本中堂《こんぽんちゅうどう》を擁するこの東塔は比叡山の中心的な存

図10　延暦寺根本中堂

在である。東塔は比叡山でもっとも早く開けた場所だった。いまでこそケーブルを使ってだれでも容易に到達できるものの、道も十分に整備されていなかった創建当初の比叡山寺は、辿り着くだけでたいへんな苦労であったにちがいない。日々の食料はいったいどのようにして調達したのであろうか。

地勢面での困難さに加えて、比叡山には「論湿寒貧《ろんしつかんぴん》」といわれる山上の気候の厳しさがあった。冬に籠山《ろうざん》して修行すること自体が、想像を超える過酷な試練であった。

しかも比叡山の寺域はこの周辺だけではなかった。西塔はここからさらに坂を上り詰めた先にあり、横川に至ってはその西塔から峰道を四キロも奥に入らなければならないのである。

山寺としての延暦寺

険しい山腹に堂舎の点在する延暦寺の特色は、なによりもまず「山の寺」であることにあった。今日の私たちの感覚からすれば、寺院が山中にあることは、取り立てて珍しいことではない。中尊寺も立石寺も、慈覚大師開基伝承をもつ天台宗の古刹《こさつ》であったが、いずれも麓《ふもと》を見下ろす場所に建てられた山の霊場だった。

今日日本には、ほとんど無数といっていいほどの寺院がある。その大半は、それを取り巻く山の深さに違いはあっても、山中や山腹に立てられた山の寺である。「山寺《やまでら》」は立石寺の別称というだけでなく、日本の寺の代名詞ともなっている。「山寺の和尚さん」は、私たちが仏教に抱く原風景なのである。

けれども、仏教が伝来して以来、一貫して山寺が寺院の典型的な形態であったわけではない。奈良時代までは、むしろ平地に建立《こんりゅう》されるものが寺院の主流を占めていた。

実際に、現在まで残る奈良期以前に建立された寺々を思い浮かべてほしい。聖徳太子が建立したと伝えられる四天王寺と法隆寺は、いずれも開けた平地に建立されている。奈良時代の薬師寺・興福寺・東大寺・元興寺《がんごうじ》などの主要な官寺は、都の中に左右相称を基本とする整然とした伽藍配置をもって建立されるのが常であった。平安の都でも新たに開創された東寺と西寺は、都の玄関口にあたる場所に朱雀大路《すざくおおじ》（メイン・ストリート）を挟んで、地割りの一角を与えられていた。

最澄の開いた延暦寺はそれらの伝統的な「都市の寺」に対して、「山の寺」ともいうべき特色を持っていた。そしてそれは、最澄と同時に中国に渡った空海が開いた高野山にも、共通する特色であった。これ以降、新たに創建され整備される天台・真言系の寺院も、京都の醍醐《だいご》寺や神護《じんご》寺、奈良の室生《むろう》寺や長谷《はせ》寺《でら》のように、多くは人里離れた山中深くに建立されていくのである。

平安時代のはじめに、きびすを接して山寺が建立されはじめるのはなぜであろうか。

官寺仏教の世界

奈良時代までは国家公認の寺院（官寺）は、天皇の住む都のうちに建立されるのが普通だった。それは律令《りつりょう》時代の仏教に求められていたものが、なによりも鎮護国家（天皇と支配体制を護ること）の役割にあったからである。

律令国家が仏教の験力《げんりき》に寄せていた期待は、天皇の重病や旱魃《かんばつ》、政治的危機などの際に行われた頻繁な祈願や臨時得度《とくど》に余すところなく示されている。国家はその使命に堪えうるような、清僧《せいそう》集団を創出しようとした。律令の一環として編纂された僧尼令《そうにりょう》も、まさしくそうした官僧の育成を目的としたものだった。

官僧たちは、天皇のそばにあって国家に降りかかるさまざまな災いを未然に防ぎ、災厄《さいやく》を取り除く能力を期待された。そのために、彼らはそうした霊力を身に付けるべく寺院の中に閉じこもって、厳格な戒律に沿った学問一筋の生活に専念しなければならなかった。寺から外に出て人々に布教するなどということは、奈良時代まではまったくの問題外だったのである。

律令時代の僧尼は護国の機能を担当しながら国家に奉仕する、一種の官人集団ともいうべき存在だった。だからこそ、国家は選ばれたエリート官僧に対して全面的な保護と特権を与えると同時に、その員数と活動を厳しく制限した。また、僧尼が自分本来の役割を忘れて、民衆教化や異端的活動に走ることを強く警戒したのである。

ところが国家仏教体制の完成にもかかわらず、それに包摂されない民間仏教は依然として消滅することはなかった。僧尼令が施行される八世紀前半から、むしろその自由な活動の場を拡大させていくのである。そして民間仏教の主役となったのが、「私度《しど》」とよばれる、国家の許可を得ないまま勝手に出家したものたちだった。

現世利益への期待

国家の抑圧政策にもかかわらず、私度僧を担い手とする民間仏教の活動が拡大していった背景には、仏教のもつ神秘的な呪力《じゅりょく》と、それによってもたらされる現世利益《げんぜりやく》に対する民衆の強い期待があった。

『日本霊異記《にほんりょういき》』は、持統天皇の世に活躍した多羅常という僧にまつわる話を収めている。多羅常は戒をよく守り、病人を法によって治療するのを得意としていた。死ぬはずのものが、その力によって蘇生することさえあったという。こうした超人的な呪力を身に付けた僧侶が、民衆の帰依《きえ》を受けて都鄙《とひ》を徘徊《はいかい》していたのである。

仏教に対する民衆の関心がもっぱらその呪術的な側面に集中していたとすれば、民間布教僧がその期待に応えるために、競ってより強力な験力をえようと努めるのは当然だった。そして、彼らが超人的なパワーをえるための修練の場として選んだのが、人里離れた山林の世界だった。

日本では、山はもともと神のまします神聖な地であると信じられた。さらには秀麗な姿をした山そのものが神とみなされた。そのため、平地に住む一般の人々は山に入ることは許されなかった。人々は神々の宿る山々を畏怖《いふ》の念をもって仰ぎつつ、麓からそれを祀りつづけてきたのである。

山が容易に足を踏み入れることを許さぬ神聖な地であるとすれば、そこに分け入る修行者たちが畏敬の対象とされるのは必然であろう。山に入ることは神と出会うことである。そして、そこで修行を積むことは、神から人間を超える力を分かち与えられる行為であると信じられたのである。

仏教にはインド以来、俗世間を出て人里離れた山林で修行を積むことを重んずる伝統があった。仏教が日本に伝来する前に経由した中国でも、神仙思想や道教の教えにもとづく山林修行の伝統があった。日本における山林修行は、古来からの山の神聖視を土台として、神仙思想や道教などの影響も受けながら、呪力の獲得をめざす行者たちによって本格的に開始されることになったのである。

山林修行の盛行は、やがて各地に山岳修験のメッカともいうべき聖地を生み出していった。なかでも大和の吉野山や葛城山《かつらぎさん》、越の国の白山《はくさん》は、初期の霊山の代表ともいうべき存在だった。それらの聖地を舞台として、役行者小角《えんのぎょうじゃおづぬ》・越の大徳泰澄《だいとくたいちょう》といった半ば伝説の修行者たちが活躍をみせるのである。

官僧の山林修行

山林修行の流行を目の当りにして、やがて律令国家もやみくもに民間の行者を禁止するのではなく、彼らを体制内に取り込んで、その呪力を積極的に利用しようとするようになった。

東大寺に代表される天平の仏教文化興隆を主導した聖武《しょうむ》天皇は、晩年病気に苦しめられると、「看病禅師《かんびょうのぜんじ》」とよばれる僧を登用してその平癒を祈らせた。そのなかには無名の呪師《じゅし》も混じっていたという。孝謙天皇に重んじられた道鏡も、もとは看病禅師であり、山林修行の経験をもっていた。また光仁天皇は新たに十禅師《じゅうぜんじ》という制度を設けて、積極的に山林行者を迎え入れている。

山林修行の流行は官僧の世界にも及んだ。僧尼令自体、異端的な呪詛《じゅそ》行為を禁止しながらも、仏教による治病の祈禱は認めていた。また、官僧の山林修行も全面的に禁止されていたのではなく、許可を得たうえで一定の場所で修行することは禁制の限りではなかった。そのため、山林修行の盛行と民間修行者の台頭とに刺激されて、大寺院の官僧の中からも積極的に山中での修行を志すものが現れてき

図11　泰澄座像（福井県朝日町・大谷寺所蔵）

た。

官僧の山中修行の先駆は、奈良時代初めの神叡《しんえい》や道璿《どうせん》にまで遡ることができる。この二人は唐より来朝した僧でいずれも吉野の比蘇山寺に入り、修学修禅に努めたといわれる。奈良時代の末には、当代を代表する碩学《せきがく》であった勝虞《しょうぐ》・護名《ごみょう》といった学僧も相次いでここに籠山するほどになっており、比蘇山寺に拠るこのグループは「自然智宗《じねんちしゅう》」とよばれた〔薗田、81〕。

こうした官僧・民間僧を問わない山林修行の盛行は、仏教の呪力に対する当時の人々の期待がいかに大きなものであったかを、はっきりと示すものであった。それは衆庶の願望にとどまらず、天皇の玉体安穏や攘災招福《じょうさいしょうふく》を求める律令国家からの要請でもあったのである。

最澄と山林修行

こうして奈良時代の後半には、仏教界では官民あげて山林修行が盛行するようになっていた。またその実践の場として、山林道場が各地に設けられた。だがそれらのほとんどは、寺とよぶにはほど遠い質素な草庵であり、機能としても、都市にある国家寺院を補完する脇役としての立場を越えることはなかった。

そうした山の寺院のあり方に決定的な変化をもたらしたのが、最澄と空海《くうかい》である。

近江国の国分寺で得度《とくど》した最澄は、延暦四年（七八五）に東大寺戒壇院《かいだんいん》で受戒し、十九歳にして正式な官僧の仲間入りを果たした。ところがここまで順調にエリート僧としてのコースを歩んできた最澄は、受戒の三ヵ月後、官僧の地位を棄てて突如比叡山に入山してしまうのである。比叡山にはすでに奈良時代の初めには、修行を目的とした禅所（草庵）が設けられていた。最澄が入山したときも、山中で修練にいそしんでいた先人たちがいたにちがいない。最澄の比叡登山は、こうした修行者のひそみに倣《なら》うものだった。

最澄は入山にあたって、「願文《がんもん》」という短い一文を残している。そこにおいて彼は、山中修行によって浄戒《じょうかい》の具足《ぐそく》と大乗利他行の実践を期し、その目的を達成するまでは山を出ないことを誓っている。この決意の背後に、山中での精進練行こそが出家者としてのあるべき姿であるという、前代以来山林修行を支えてきた理念を見出すことは容易であろう。

入唐《にっとう》して中国から天台の教えをもたらした最澄は、帰国後、比叡山を日本天台宗の総本山とすべくその整備を進めた。弘仁九年（八一八）には、天台僧育成のための制度確立をめざして新たな規定（六条式）を作成し、天皇の許可を求めている。その翌年には、かつて東大寺で受けた小乗戒の棄捨《きしゃ》と、新たに比叡山に大乗戒壇の建立をめざすことを宣言した。しかし、最澄の大乗戒壇独立運動は、東大寺などの戒壇を支配することによって僧尼の身分認可の権限を独占してきた南都仏教界の猛反発に遭い、その実現は彼の死後にまで持ち越されることになった。

国宝の育成

最澄は清浄なる山中での真の大乗僧の育成をめざしたが、それは決して従来の国家仏教の否定を意味するものではなかった。むしろ伝統的な都市寺院では、鎮護国家の重責を担うことのできる真の道心をもった僧を育てることは困難だ、という認識にもとづいていた。だが当時において、山中修行は決して容易なことではなかったし、ややもすれば異端的活動とみなされがちだった。そこで最澄は、国家のために貢献できる僧の育成をめざして、山中で一貫した学問修行を行う制度を作り上げ、そのシステムを国家に公認させようとしたのである。

最澄は都を離れた山中に寺を建立することによって、それまでのように国家に丸抱えされ体制に取り込まれた国家仏教ではなく、仏教が仏教として自立しつつ、外側から国を護るような新たなタイプの国家仏教を樹立しようとしたのである。

山林修行との密接な関係は、弘法大師空海についてもいえる。宝亀《ほうき》五年（七七四）、讃岐国多度郡に生を享《う》けた空海は、十五歳の時に上京し、大学に入学して明経道《みょうぎょうどう》の学生となった。彼は官僚になることを目標として、当時の出世コースを歩みはじめたのである。

ところが、在学中に一人の山林行者と出会うことによって、空海の人生は大きく方向転換することになった。行者のたもつ虚空蔵求聞持法《こくうぞうぐもんじほう》という神秘的な行法《ぎょうほう》に魅せられた空海は、大学での学問を棄ててその習得をめざした。そして、阿波の大滝岳や土佐の室戸岬などの人里離れた聖地で、激しい修練を重ねるのである。

のちに中国で密教を学んだ空海は、帰国後伽藍《がらん》建立《こんりゅう》の聖地を探し求め、やがて霊峰高野に至り着いた。その背景には、彼が青年時代に行った山林修行の体験があったのである。

山の寺の建設ラッシュ

中国に渡って大陸から最新の教説をもたらした最澄と空海は、帰国後それぞれ比叡山と高野山に寺を開き、新宗の根本《こんぽん》道場とした。学問の場としての官寺と実践の場としての山林道場の併存は、奈良時代から見られた現象だった。だがこれらの山寺は都市の寺の補完にとどまらず、学問・修行を二つながら実践する、それ自体で完結した根本道場として構想されたものだった。以後両者を開祖とする天台宗と真言宗を中心に、国家の公認をえて本格的な山の寺が次々と整備され、あるいは創建されていくのである。

その趨勢《すうせい》は畿内《きない》とその近国を越えて、全国に及んだ。最澄の弟子の慈覚大師円仁の開基と伝えられる中尊寺と立石寺も、その濫觴はいずれも平安期の山寺建設ラッシュの時代にあったと考えられる。

山中では、もはや七堂伽藍を具えた南都のような巨寺を建立することは困難だったし、左右相称性を維持することも不可能だった。堂宇《どうう》は山中のわずかな平場を選んで建てられ、諸堂の間は坂道で結ばれた。木々の間に埋もれて自然と溶け合う、私たちの感覚にマッチする日本の山の寺は、こうして平安時代のはじめから本格的に発展することになったのである。

しかし、都市の寺から山の寺への転換は、単に寺院の立地が平地から山中へと変わっただけではなかった。やがて寺院のコスモロジーにも、決定的な転換をもたらすことになるのである。

「寺院のコスモロジー」の転換とは何か。――次には、比叡山延暦寺と並んで日本の山寺の草分けとなった高野山を訪ね、この問題を考えてみることにしよう。

聖人のまなざし

祖師信仰の形成　高野山

高野への道のり

大阪の難波を出た南海電鉄の高野行の急行電車は、九度山《くどやま》を過ぎると険しい山の中腹を走る。小雨に煙る山肌に側面をこすりつけるようにして、曲がりくねった線路をゆっくりと電車は進んだ。

高野を取り巻く森は深い。樹木の密度の濃さは東北地方の森を思わせるものがある。それでも線路脇に点々と自生するシュロの木は、ここが遥か南の地であることを思い出させる。

終点の極楽寺橋に着くと、高野山《こうやさん》への登山ケーブル乗り場がある。ケーブルはみるみる高度を上げて、五分ほどで高野山駅に着く。駅から金剛峰寺《こんごうぶじ》行のバスに乗り、坂道を上り詰めて女人堂《にょにんどう》を過ぎれば、そこはもう高野山上である。

いまでは大阪から二時間ほどで行ける高野も、かつては私たちの想像を越える難行苦行の行程だった。高野山の本来の表参道は、九度山から大門に至るコースである。この道筋に、金剛峰寺の開創者である空海《くうかい》は木製の卒塔婆《そとば》を立てて道標としたという。

その卒塔婆が朽ち果てた後、鎌倉時代には新たな道しるべとして、一町ごとに石の五輪塔が建立《こんりゅう》された。いまも残る町石《ちょういし》である。慈尊院《じそんいん》から山上の根本大塔まで、高さ三・三メートルある一八〇基の町石が立てられた。

図12　高野山の町石

金剛峰寺への入口は、西の外れにある大門である。巨大な門をくぐると、そこには町並みが広がる。食堂や商店が軒を連ね、ユニフォーム姿の学生がランニングしている。山の奥に向かって、深く深く分け入って来た先に、突然こうしたにぎやかな街が現れるため、はじめて訪れた人はかなり面食らってしまうにちがいない。

高野山は有数の大寺院ではあったが、昔からこうした寺内町《じないまち》が発達していたわけではなかった。明治維新まで、高野山は女人禁制《にょにんきんせい》の山だった。かつて空海を訪ねて高野山を訪れたその母は、入山を拒まれたため、ふもとの九度山に草庵を建てて住んだ。以後この寺は、弘法大師を慕って高野山に来訪する女性たちの修行の場となった。いまもミカン畑の続く紀ノ川沿いに清楚《せいそ》な姿を留《とど》める、女人高野慈尊院《じそんいん》の濫觴《らんしょう》である。

明治五年（一八七二）、明治政府は女人禁制を廃止すべしという通告を出した。これを受けて明治三十九年から、高野山上でも女性に定住が認められるようになったという。ケーブルの高野山駅から千手院谷に向かう道の途中には、結界《けっかい》の場を示す女人堂が残っており、かつての女人禁制の時代を偲《しの》ばせる。

高野山のトポロジー

いかに世俗化しようとも、高野山はいまなお信仰の山である。高野山上には町並みに囲まれて、多くの堂舎が建ち並んでいる。

高野山金剛峰寺の歴史は、弘仁七年（八一六）に空海が入定処《にゅうじょうしょ》としてこの山の下賜《かし》を天皇に申請し、勅許をえたことに始まる。もっとも高野山はそれ以前から、山林修行者たちの練行の場であった。空海も若い時代にここで修行した経験があった。空海はそうした知識をもとに、この山に密教の根本道場を建立しようとしたのである。

高野山は、周囲を八つの山に囲まれた高原の盆地である。空海はそれらの山々を仏教でいう八葉蓮華《はちようれんげ》にみたて、八つの蓮弁に囲まれた高野の地に清浄なる曼荼羅《まんだら》世界の建設をめざした。曼荼羅とは密教の宇宙観を凝縮して表現したものであり、信仰や礼拝の対象となるものだった。それを紙上や須弥壇《しゅみだん》上にではなく国土の上に実現しようとしたところに、空海の構想のユニークさと雄大さがあった。

空海はここに伽藍《がらん》を建立するにあたって周囲に結界《けっかい》を巡らし、悪鬼神はその内から立ち去る一方、仏法守護のあらゆる冥衆《みようしゅ》がこの山に加護を加えることを祈請《きしよう》している（「高野建立壇場結界啓白文」）。

空海が構想した金剛界曼荼羅世界の中心となる地が、現在の「壇上伽藍」である。壇上伽藍は大門を入ってまっすぐ五分ほど歩いたところにある。ここは金堂や大塔・西塔・御《み》影堂《えいどう》といった主要な伽藍が建ち並ぶ、いまなお高野山でもっとも重要の聖域である。創建以後、たびたびの火災によって当初の建物は一つも残っていないが、塵一つなく掃き清められた広大な境内は、さすがに真言密教の根本道場としての雰囲気を醸《かも》し出している。

壇上伽藍は高野山創建以来の聖域ではあったが、実は高野山にはここに勝るとも劣らな

図13　高野山壇上伽藍

図14　高野山奥の院（『一遍聖絵』より、清浄光寺・歓喜光寺所蔵）

いもう一つの聖地があった。弘法大師が入定していると伝えられる大師御廟《ごびょう》を中心とする「奥の院」である。

私は壇上伽藍を後にし、霧雨の街を抜けて奥の院へと足を運んだ。

奥の院へ向かう　大門から西に延びるメインストリートを、壇上伽藍を越えてさらに一・五キロほど進むと、一の橋に突き当たる。私は国道から分かれ、橋を渡って参道に入り、雨に濡れた白い石畳の道を奥の院へと向かった。

一の橋を越えると周囲の光景は一変する。町並みは途切れ、家屋は一軒もなくなる。変わって道の両側には天を突く杉や檜の巨木がそびえている。木々のこずえの間には乳白色の霧がゆったりと渦巻いている。高野の街中を歩いていたときは日の光を吸ってまぶしいほどに輝いてみえた一つ一つの細かな水滴は、いまは木立の中で輝きを失い、一帯を夕刻の風景に変えていた。

しかし、少しも閉じこめられている息苦しさを感じさせない。むしろ夢幻の世界を漂っているような心地よさを感じさせるのはなぜであろうか。私はかつてどこかでこれと似たような体験をしたことを思い出した。濃い霧の中、奥羽山系のブナ林を歩いているときのことだった。

木々の根元には、延々と続く無数の石塔があった。弘法大師の膝元《ひざもと》で、弥勒《みろく》の下生《げしょう》に遭うことを望む人々の遺骨を納めた墓である。なかには上杉謙信の霊屋《たまや》のように重要文化財に指定されているりっぱな建物もあるが、大半は大小さまざまな形をした石塔である。五輪塔が多いが、宝篋印塔《ほうきょういんとう》や板碑《いたび》型の石碑もある。近年になって企業が立てた奇抜な形状をしたものもみえる。

歳ふり苔《こけ》むして雨に濡れた石塔は、人工のものというよりは周りの木々と同じく、地面から時間をかけて湧き出した存在であるかのような印象を与える。

どこまでも連なる墓石に導かれるようにして進むと、いつしか奥の院にたどり着いている。流水灌頂《かんじょう》のある玉川にかかる御廟橋から先は、寺内でもっとも神聖な空間であり、写真撮影も許されない。奥の院に参詣するものを空海はここで出迎え、帰りにはここまで見送ると信じられている。そのため、僧侶はその行き帰りにこの橋で、必ず廟に向かって合掌するという。

橋を渡り石段を登って拝殿（灯籠《とうろう》堂）に入ると、中には香の香りが立ちこめていた。薄暗い堂内には、天井をはじめいたるところに数えきれないほどの灯籠があった。大師に手向けられた灯明があげるゆらめく炎の先に、御廟の建物はあった。

承和《じょうわ》二年（八三五）三月、空海はここ高野山で死を迎えた。結跏趺坐《けっかふざ》したまま、手には法印を結んでの死であったという。その遺体は火葬したうえ、高野山の廟堂のある地に葬られた。ところが、やがて空海はほんとうに死んだのではなく、入定したまま奥の院で弥勒の下生をまっているのだ、という伝説が生まれた。弘法大師入定信仰といわれるものである［橋本、90］。

弘法大師入定伝説の形成

延喜《えんぎ》二一年（九二一）には観賢《かんげん》という僧が、弘法大師の諡号宣下《しごうせんげ》の勅許《ちょっきょ》を奉じて廟所に詣で、石室を開いて、生前と同じ姿をした空海と対面したとされる。『高野春秋編年輯録』には「秘記にいわく」として、このときの様子が記されている。

廟所に入った観賢は、はじめはあたかも雲や霧が隔てているかのようで、まったく大師の姿がみえなかった。これを嘆いた観賢は改めて懺悔礼拝《ざんげらいはい》し、自分は母胎《ぼたい》を出てよりいまだかつて一度も禁戒を犯すことなく、大師の遺教を奉じて修行にいそしんできたのに、なぜお姿を拝見することができないのかと祈った。すると霧に隠れた月が姿を現すように、聖なるみ姿が顕現した。観賢は大師に近づいて鬢髪《びんぱつ》を剃《そ》り、衣服を下賜された勅衣《ちょくえ》に替えて退出した。付き添っていた弟子たちは、そばにいながらもまったく大師の尊容を目にすることができなかったという。このときの様子は、『今昔物語集』巻一一の「弘法大師、始めて高野の山を建てたること第二五」にも描かれている。

また『栄華物語』には、藤原道長《みちなが》が高野山参詣の折に、やはり眠るがごとき大師入定の様子をまのあたりにした様子が記されている。――みぐしは青々として御衣はいささかも汚れることなく、まるで眠っているかのようにしかみえなかった。弥勒菩薩《みろくぼさつ》が遠い未来にこの世に下りてくるという、「龍花三会《りゅうげさんね》」のときになって、目覚められるのであろうか。

こうした説話や伝承を通じて、弘法大師入定信仰は広く世間に流布した。十六世紀のヤソ会士ガスパル・ビレラは書簡の中に、「日本ではコンボダーシという一人の坊主が、地下に穴を掘っていまも休息していると信じられている」といった旨の言葉を残している。弘法大師にまつわる伝説は、ポルトガル人宣教師の報告書にまで記されていた。

かくして高野山では入定信仰の定着にともない、従来の中心伽藍であった金堂とともに、奥の院は山中でもっとも聖なる空間としての地位を獲得するに至るのである。

高野山のコスモロジー

弘法大師信仰の隆盛と廟堂・御影堂の成立は、単に伽藍配置の面だけでなく高野山のコスモロジーにも大きな転換をもたらすことになった。

どの寺院にも、その中心には必ず信仰の対象となる聖なる存在（本尊）がある。その代表が、釈迦の遺骨（仏舎利《ぶっしゃり》）と仏の姿を表現した仏像である。そのため、仏舎利と仏像を納める容器である五重塔と金堂は、古来寺院のなかでももっとも神聖な建物とみなされてきた。

たとえば法隆寺の伽藍配置をみてほしい。いまも斑鳩《いかるが》の里に創建当時の姿を忍ばせる姿で残っている法隆寺は、聖徳太子と推古天皇が用明天皇の病気平癒を祈って造営したものである。天智《てんじ》九年（六七〇）の火災で全焼し、その後再建されたことが明らかにされたが、それでも五重塔をはじめとするいくつかの建物は、一三〇〇年の時を超えて現代に伝えられた世界最古の木造建造物である。

法隆寺の本来の中心は西院伽藍の中門の奥にある。中門から両翼に延びる回廊で囲まれた中には、金堂と五重塔が東西に並んでいる。「法隆寺式伽藍配置」といわれるものである。本尊仏が鎮座し仏舎利が祀《まつ》られた中門の内部は、たやすく人間が出入りすることを許されない聖なる空間だったのである。

日本では仏教伝来以来、法隆寺などごく初期のいくつかの例をのぞけば、伽藍の中心は一貫して本尊を納める金堂だった。奈良時代までの寺院は、もっとも神聖な空間であるこの金堂を中心に、それを取り巻くように諸堂が建立されるという伽藍配置がとられた。仏の鎮座する金堂から外部の世界に向かって、聖から俗へと同心円的・段階的に移行するというイメージが、古代寺院のコスモロジーの基本だったのである。

コスモロジーの変容

しかし、そうしたコスモロジーは、山の寺高野山では大きな変化をみせる。その原因は、弘法大師入定信仰の形成を背景に、祖師である弘法大師個人を祀る御廟が寺内に出現したことである。

先にも述べたように、奈良時代までの寺院は、金堂を中心にそれを取り囲むように同心円的に伽藍が配置され、外側にいくにしたがってしだいに聖から俗へと移行するという形態をとっていた。それゆえそこにみられる寺院のコスモロジーも、本尊仏―金堂を焦点とする円形のそれであった。

それに対し、金堂に加えて祖師を祀る廟堂が新たに寺域の最奥部に建立されることによって、高野山は寺内に二つの聖域を抱えることになった。その結果、そのコスモロジーは一つの焦点をもつ円形から、二つの聖なる空間＝二つの焦点をもつ楕円形をしたものへと変化した。

紀州の山深く建立された高野山の特色は、それまで主流を占めていた都市―平地の寺に対して、寺地の選定や伽藍配置といった目に見える面だけにあったのではない。寺の聖性を支えているコスモロジーの側面においても、従来のものとは決定的な相違点をもっていたのである。

私はコスモロジーという視点からみたこうした特色は、高野山だけのものではなく、平安期以降に発展する山の寺にかなりの程度共通するものと考えている。次節では、いくつかの山岳寺院を例として取り上げ、この仮説をさらに検証してみることにしよう。

さしあたって私が取り上げたいのは京都の南西に位置する醍醐寺《だいごじ》である。ここも平安時代の前期に発展する真言宗の山の寺だった。京都から地下鉄を乗り継いで、私たちは醍醐の地に足を運ぶことにしよう。

御影堂の成立　醍醐寺

醍醐寺《だいごじ》には桜のイメージがつきまとう。慶長三年（一五九八）天下統一を成し遂げ権力の絶頂をきわめた豊臣秀吉は、醍醐寺の三宝院《さんぼういん》で花見を催した。死を五ヵ月後に控えての時であった。

醍醐の花見

継嗣《けいし》の秀頼《ひでより》をはじめ、正室北政所《きたのまんどころ》に淀君《よどぎみ》、松の丸殿といった一族・愛妾が一堂に会し、諸国の大名を多数集めての豪勢な宴は、当時の人々の耳目を驚かせた。大名たちによる趣向を凝《こ》らした作り物が用意され、さまざまな出店がしつらえられた。和歌の会が催され、風流を尽くした出し物が演じられた。その様子は現存する醍醐花見図（重要文化財）に描かれている。

図15　醍醐寺仁王門に続く桜馬場

「醍醐の花見」とよばれるこの催しは、秀吉なりの計算を尽くしたパフォーマンスではあったが、のちのちまで語り伝えられるものとなった。いまでも四月の第二日曜日、醍醐寺では豊太閤《ほうたいこう》花見行列が行われる。満開の桜の下を、「醍醐の花見」の参加者に扮《ふん》した男女が行列をなして練り歩く行事である。

私が醍醐寺を訪れたのは、すでに花の時期を遠く過ぎたときだった。地下鉄東西線を終着駅の醍醐で降り、新しい住宅団地を抜けてなだらかな上り坂を山の方向に向かうと、醍醐寺の門前に出る。総門をくぐると、桜馬場と呼ばれる広い土道がまっすぐに延びている。道の先には仁王門がそびえている。道の両側には桜の木々が連なり、よく茂った葉が皐月《さつき》の陽光に照り映えていた。桜の咲く時期にはここは人並みで埋まるというが、花の季節は終わっても、天気に恵まれた休日の今日は思いの外に人の姿が多かった。私は人の流れに乗って、色あせた朱塗りの仁王門に向かった。

桜会の稚児舞い

醍醐寺の桜といえば「醍醐の花見」というほどに、秀吉の催した花見は有名である。だが醍醐寺と桜との関係は、遥か中世にまで遡《さかのぼ》るものだった。

あまたある醍醐寺の法会《ほうえ》の中でも、かつてひときわ華やかな催しがあった。桜会《さくらえ》である。満開の桜のもとで催されるこの法会の呼び物は、あでやかに着飾った稚児《ちご》たちによって演じられる舞踏＝童舞《わらわまい》だった〔土谷、01〕。

鎌倉時代の絵巻『天狗草紙《てんぐぞうし》』には、この桜会の様子が描かれている。――ところは醍醐寺の清滝宮。咲き誇る桜の老木の下には腰に幕を巡らした舞台がしつらえられ、その上で童たちが「狛鉾《こまぼこ》」を舞っている。舞台を取り囲んで大勢の見物人がいる。烏帽子《えぼし》姿の公家や裹頭《かとう》の悪僧たちもみえる。舞手の童に戯《ざ》れかかる僧の姿も描き込まれている。

清滝宮は、いまは道を挟んで金堂の向かい側に位置する。その庭には、『天狗草紙』のそれを思わせるような枝を広げたしだれ桜の老木がある。

桜会は神仏に手向《たむ》けられる法会とはいいながらも、そこは風雅な遊宴と芸能の世界だった。そこはまた、稚児と僧たちとの出会いと恋愛の場でもあった。

鎌倉時代の説話集『十訓抄《じっきんしょう》』に収められた逸話である。

――醍醐の桜会で童舞がことに面白い年があった。舞手の中に少将公といって、見目も優れ舞いも抜群の稚児があった。

この童をみて心を奪われてしまったのが、宇治の宗順阿闍梨《あじゃり》である。思い余った宗順は、翌日少将公のもとに手紙を遣わした。

昨日みしすがたの池に袖ぬれて　しぼりかねぬといかでしらせん

（きのうみたあなたの姿を思い出すたびに、切なさに涙で袖が濡れ、いくら絞ってもきりがないことを、どうやってお伝えすればいいでしょうか）

これに対する、少将公の返し歌である。

あまたみしすがたの池の影なれば　たれゆへしぼるたもとなるらむ

（きっとたくさんの美しい姿をご覧になっていらっしゃることでしょうから、いったいだれのせいで袂を絞ることになったことやら）

こうした風雅な歌の贈答は、これが男同士であることを忘れればまだほほえましいものだった。だが、稚児をめぐっての恋の鞘当《さやあ》てが、しばしば死傷者を出すような寺院や塔頭《たっちゅう》同士の争乱に発展することも、決して珍しいケースではなかったのである。

上醍醐へ

華やかな桜のイメージで彩られる醍醐は、醍醐寺の一つの顔にすぎない。醍醐寺は笠取山の山頂にもう一つの伽藍をもっている。上醍醐《かみだいご》である。醍醐寺の発祥の地は実はこの上醍醐だった。

山麓の下醍醐から上醍醐へは山の裏手を回る車道もあるが、正面の参道を登るのが正規のコースである。桜馬場から仁王門を抜け、金堂と清滝宮・五重塔の間の道を通ってさらに奥に進むと日月門がある。この門をくぐり大講堂前を過ぎて万千代川《まちよがわ》にかかる橋を渡ると鳥居があり、その先にかつての女人《にょにん》禁制を偲《しの》ばせる女人堂が立っている。ここが上醍醐への上り口である。京都市中はすでに夏日となっていたはずだが、女人堂の向かいの東屋《あずまや》にかかっていた寒暖計の目盛りは二一度を指していた。

上醍醐への参道に足を踏み入れると、杉林の中の登りとなる。小道の側には小川が流れている。両側には背の高い杉が続くが、木立の影はそれほど濃くなく、参道は思いの外に明るい。道は歩きやすいように整備されているが、かなりの急坂である。一町ごとに立てられた町石《ちょういし》を目安にしながら登りつづけると、しだいに息が切れ汗が噴きだしてくる。重くなる足取りを、ホトトギスの声と渓流の音が元気づけてくれる。それにしても、観音の札所巡りをしているのであろうか、参道を辿《たど》る年配者の姿が多いのには驚かされる。

やがて道は沢を離れ、視界が開けた山腹のつづら折りの登りとなる。四〇分近く歩くと、十六丁目の町石でようやく上醍醐に飛び出す。緩い下りの道をしばらく歩けば、札所である准胝《じゅんてい》堂下の石段に行き当たる。

堂へ登る石段の脇には、透かしの入った板塀に護られた屋形がある。なかには石組みの井戸があるという。寺号の由来となった霊水醍醐水である。汲み上げた水が飲めるようになっていた。口に含むと、むかし田舎の井戸で飲んだ水に似たやわらかな味がした。これがキリキリに冷えたビールだったら間違いなく醍醐味と感じるだろう、などと思うのは、煩悩《ぼんのう》にまとわれた凡夫の性《さが》であろうか。

貞観十六年（八七四）、聖宝《しょうぼう》は笠取山に登り、山上にわき出る水が醍醐味だったことからここを醍醐山と命名した。聖宝はその地に堂宇を建て、みずからが刻んだ准胝・如意輪《にょいりん》両観音を祀ったという。醍醐寺の開創である。

創建当初の堂宇こそ残っていないものの、醍醐寺の原点は上醍醐の醍醐水・准胝堂を中

図16　醍　　醐　　水

心とする山上の一帯だったのである。

聖宝という人物

醍醐寺を開いた理源大師聖宝はさまざまな伝説に彩られた人物である。天長九年（八三二）に空海と同じく讃岐の国に生まれたという聖宝は、東大寺別当真雅《しんが》について出家《しゅっけ》得度《とくど》した。真雅は空海の弟子であり、実弟でもあった。以後聖宝は東大寺を拠点として学問と修行にいそしんだ。

『宇治拾遺《しゅうい》物語』には、東大寺時代の聖宝にまつわるこんなエピソードが収められている。

――昔、東大寺に上座という高位にありながら、類《たぐ》いまれなるケチな法師がいた。このとき聖宝はまだ若い僧ではあったが、上座が慳貪《けんどん》（物惜しみ）の罪を重ねるのを見かねて一つの賭《か》けをもちかけた。

「私が何をすれば、寺の大衆に大盤振る舞いをされますか」

人前でここまでいわれて何も応えないのも癪《しゃく》だと思った上座は、考え抜いたあげく、聖宝が絶対に実行できそうもないことを口にした。

「賀茂の葵《あおい》祭《まつり》の日に、真っ裸で痩せた雌牛に乗り、ふんどしに鮭の干物を太刀のように履いて、一条大路を大宮から河原まで、見物人の前を『我は東大寺の聖宝なり』と名乗ってお通りなさい。それができたらこの寺の面々に、一人残らず盛大な御馳走を振る舞いましょう……」

祭りの当日、上座や寺の大衆が桟敷《さじき》で待ちかまえていると、遠くで見物人があげる喚声が聞こえた。どよめきはしだいに近づき、やがて大勢の童を引き連れて、雌牛の尻に乗った裸の法師が姿を現した――。

東大寺でのエリート僧としての道を歩む一方で、聖宝は祖師空海以来、真言宗の伝統となっていた山林修行にも力を入れた。葛城や大峰に入っては激しい修練を積んだ。聖宝が後に「修験道中興の祖」と仰がれ、醍醐寺の三宝院が当山派修験の拠点となっていく淵源《えんげん》はここにあった。

山林抖擻《とそう》の過程で、聖宝は山科盆地の南に位置する笠取山に巡り合うことになる。京都にも近く、山の道場としても恰好《かっこう》の地だった。彼は山上に涌く泉＝醍醐水を見つけ、その傍《かたわ》らに草庵を開くのである。

上醍醐の整備

延喜六年（九〇六）、聖宝は東寺の長者になった。僧正位に加えて真言宗の最高位をきわめた聖宝は、醍醐天皇の後押しを受けて精力的に醍醐寺の伽藍の整備を推し進めた。准胝堂と如意輪堂に加えて、延喜七年には醍醐天皇の御願によって薬師堂が建立されている。現存する薬師三尊像はこの堂の本尊として安置されたものである。また、御願として五大堂も造られた。こうして聖宝の晩年には、主要な伽藍は山中にほぼ出そろうことになるのである。

延喜九年、聖宝は深草の普明寺《ふみようじ》で入滅の時を迎えた。その墓は醍醐寺に設けられた。聖宝の没後、醍醐寺の初代座主《ざす》となったのが観賢《かんげん》である。高野山の弘法大師廟で、入滅している大師と最初に対面したとされる人物である。観賢は京都の貴族たちに積極的に醍醐寺の存在をアピールしようとした。彼らの参詣の便宜を考えて、笠取山の麓に大伽藍（下醍醐）の造営を試みたのも観賢だった。

観賢が醍醐寺を宣伝する際の切り札としたのが、開山の聖宝個人に対する信仰である。

図17　醍醐寺御影堂

彼は上醍醐にある聖宝の墓の上に三間四面の御影堂《みえいどう》を建立した。そこには聖宝の肖像が安置され、後には空海と観賢の肖像も加えられた。御影堂はやがて上醍醐を代表する重要な聖地となっていく。

高野山で弘法大師の入定信仰を確立した観賢は、醍醐寺では聖宝に対する信仰を鼓《こ》吹《すい》した。まさしく観賢こそは、真言宗における祖師信仰の立役者だったのである。

観賢の手になる御影堂は、醍醐水・准胝堂からさらに坂道を上った上醍醐の最高点にある。ここからは巨椋《おぐら》池干拓地や石清水八幡宮のある男山越しに、大阪方面が一望できる。

開創当初寺院の中心だった准胝堂などの

仏堂に加え、祖師の死後その人物を祀る廟堂が建立され、祖師個人に対する信仰が高揚する。その結果、寺内に新たなもう一つの聖域が誕生するに至る。しかもそこは上醍醐でもっとも奥深く標高の高い、奥の院ともいうべき場所だった――醍醐寺の場合にも、高野山と同じような奥の院形成のパターンを見て取ることができるのである。

室生寺のお大師さま

それは「女人高野」として知られる室生寺《むろうじ》でも同様だった。室生寺は奈良時代から南都僧の修行の場だったが、平安時代に入って真言寺院として整備され発展した。近年台風による破損から修復された平安時代初期の五重塔は、その小ぶりで繊細な姿で有名である。

室生寺には近鉄大阪線の室生寺大野口駅からバスが出ている。大野寺の磨崖仏《まがいぶつ》を過ぎるとほどなく人家は途絶え、あとはひたすら山中の道になる。宇陀川に沿って蛇行する道路を、バスはどこまでも山奥に分け入っていく。

川沿いに切り立った崖がそそり立っている。思わず私もバスから飛び降りて、石仏を刻みたくなるようなみごとな岩である。

道の先に突然家並みが現れる。室生寺の門前町である。狭い道を挟んで土産物屋や旅館、食堂などが並んでいる。大型バスがその軒先を掠《かす》めるようにして通り過ぎていく。

バスを降りて朱塗りの欄干《らんかん》の太鼓橋を渡ると、そこは室生寺の境内である。仁王門を抜け、すり減って角の取れた石段の鎧《よろいざか》坂を登ると、正面に金堂、左手に弥勒堂がみえる。金堂には中尊の釈迦如来像（実は薬師如来像）をはじめ、全部で五体の仏像が安置されている。カヤの一木《いちぼくづく》造りの中尊は、その森厳《しんげん》で穏やかな表情が、極彩色の絵が描かれた舟形の板光背とよく調和している。

金堂からさらに二つの石段を登ると灌頂《かんじょうどう》堂がある。五重塔はそこからさらに急な石段を越えた先に、背の高い木々と石塔群に囲まれるようにしてひっそりとたたずんでいる。金堂を中心とするこの一帯は、創建当時から室生寺の寺域の中心をなす場所だった。だが、室生寺の伽藍はこれだけではない。五重塔の脇からさらに歩を進めると、杉の老木の間を縫って息を呑むような急坂が続いている。その石段を上り詰めると奥の院がある。そこに「お大師さま」（弘法大師）を祀る御影堂がある。いまでも人々は、お大師様にお目にかかるべくこの長い坂を登っていくのである。

江戸時代に作られた、室生寺の「奥の院曼荼羅図」といわれるものがある。そこには室生寺の全景が描かれているが、奥の院にあたる場所には宝珠《ほうじゅ》が描かれている。弘法大師のましします奥の院は、金堂のある麓の伽藍一帯に、勝るとも劣らない聖地とみなされていた

図18　奥の院曼荼羅図（奈良県室生村・松平文華館所蔵）

のである。

山の寺のコスモロジー

祖師信仰の発達と御影堂の建立は、真言宗だけの現象だけではなかった。天台宗でも活発に行われた。比叡山延暦寺では最澄没後、その中核となる伽藍一乗止《いちじょうし》観院《かんいん》（根本中堂）内にその彫像を安置して、御影堂としての役割をもたせた。藤原頼長は参詣の折りに、この「伝教大師影の木像」を拝礼している（『台《たい》記《き》』久安三年六月二十三日条）。開山の最澄自身が、聖なる存在として崇拝の対象となっていたのである。

最澄の高弟として慈覚《じかく》大師円仁《えんにん》と並び称される智証《ちしょう》大師円珍《えんちん》も、その死後直ちに二体の肖像が作られた。そのうち一体の胎内には円珍の遺骨が納められ、園城寺《おんじょうじ》唐院に安置された。この等身像は「御骨大師」とよばれて崇《あが》められ、それが置かれる唐院は今日に至るまで寺の最高の聖域とされている。このほかにも、天台宗関係では、回峰行《かいほうぎょう》の創始者相応、中興の祖慈恵大師良源などが、信仰の対象となった。

『本朝新修往生伝』には、尾張国の沙門戒深という人物が、死後も肉体を留《とど》めてあたかも「入定の人」のようであったので、彼のために廟を建てて祀ったという記述がある。宗派を超えた入定信仰の広がりを窺わせる記事である。一宗一派の開祖にとどまらず、特定の人格を崇拝の対象とするこうした信仰を、「聖人信仰」とよぶことにしよう。

聖人信仰の発展にともなって十一、二世紀ごろから、多くの山の寺で彼らを祀る霊廟や御影堂が造られ、その肖像が納められていくことになった。その際注目すべきことは、そうした堂舎のほとんどが寺域の最奥部に建立されたことである。のちにそれらが奥の院とよばれるようになるのも、そのことが原因だった。

聖人を祀る山の寺は、それまで主流を占めていた都市―平地の寺に対して、単に目にみえる伽藍配置の面だけでなく、寺院の聖性を支えるコスモロジーにおいても、決定的な相違点をもつようになっていた。

奈良時代までの寺院は金堂を中心に、それを取り囲むように同心円的に伽藍が配置され、外側にいくにしたがってしだいに聖から俗へと移行するという形態をとっていた。他方、山の寺は金堂や本堂に加えて、のちに開山や祖師を祀る廟堂・御影堂が寺域の最奥部に建立され、もう一つの聖地を形成した。

奈良時代までの寺院のコスモロジーは、本尊仏―金堂を焦点とする円形のそれであった。それに対し平安時代中期以降の山の寺のそれは、二つの聖なる空間＝二つの焦点をもつ、楕円形をしたものだったのである。

こうした新たな山の霊場形成の動きは、やがてみちのくにも及んでいく。私たちはそれを確認するために再び東北に戻り、平泉にほど近い一つの古い寺院を訪ねることにしよう。

黒い厳の霊場　黒石寺

まだ雪深い黒石寺《こくせきじ》の春は、天下の「奇祭」として知られる蘇民祭《そみんさい》で始まる。旧正月七日の深夜から八日の朝にかけて、さらしの締め込みだけをつけた裸の男たちが、麻でできた蘇民袋と、その中に収められた小間木《こまぎ》とよばれる護符を奪い合う勇壮な行事である。最後まで蘇民袋を手にしていたものが属する地区には、その年の豊作と幸運が約束されるという。

蘇民将来祭の夜

祭りに先立つ元日の朝、門前門徒の代表が水垢離《みずごり》をとって曼荼羅米《まんだらまい》をつく。この米からは、十二神将に供えるための十二支の形をしたシンコ餅が作られる。他方、蘇民袋は三日の精進を経た女性たちが、麻を紡ぐところから始めて一日で織り上げる。祭日が近づくと、境内には巨大な門松《かどまつ》を思わせる「お立木」とよばれる柴の束が作られ、その中心には竹で作られた四《メートル》ほどの弓が立てられる。

七日の夜十時、裸の男たちが続々と庫裏《くり》前に集まってくる。ロウソクの火でぼんやりと浮かび上がる角灯を手にして、裸参りの衆はまず門前を流れる瑠璃壺《るりつぼ》川へと向かい、厳寒の川でみそぎを行う。身を浄めた参加者たちは薬師堂から妙見堂へと順に参拝し、息災《そくさい》と五穀豊穣《ごこくほうじょう》を祈願する。

日付も移ろうとするころ、長さ五尺の松の生木を高く井桁《いげた》に組んだ柴灯木《ひたき》に火が入れられる。参加者はその上に上って火の粉を浴び、さらに火のついた木を抜き取って本堂に向かい、唄と掛け声に合わせて火の粉で本堂を浄める。「柴灯木登り」とよばれる行事である。

八日の午前四時、祭りはクライマックスに近づく。鬼子登りという儀式が行われ、参詣者にシンコ餅と曼荼羅米がまかれた後、蘇民袋が取り出されその争奪が開始される。親方が小刀で袋を切り裂くと、中の小間木をめぐっての奪い合いが始まり、やがて参加者は拝殿の外になだれでて蘇民袋の争奪戦が行われる。夜が明けかかるころ、ようやく祭りは終了する。

黒石寺への旅

　仙台から東北自動車道を北に向かうと、左手に船形《ふながた》連峰が姿を現す。自動車道が宮城県北の平野部に入ると、今度は斜め前方に栗駒《くりこま》山が望まれる。春霞《はるがすみ》の中で、雪をかぶった山の上半分だけが青空に浮かんでみえた。

　船形でも栗駒でも、根元がまだ雪に埋まったままのブナ林が一斉に芽を吹きだす時期である。林の中では、若葉を通過した光線が残雪を淡い緑に染めている。樹林帯を抜けて山腹の雪原に出れば、クラストした雪面に光が乱反射して、光の渦に巻き込まれたような感覚に襲われる。――いつしか私は、堅く締まった朝の雪原にアイゼンの歯を食い込ませながら、一歩一歩山頂をめざす自分の姿を思い描いていた。

　平泉《ひらいずみ》前沢インターで高速道路を降りた私は、国道四号線を横切って北上川にかかる長い橋を渡り、川の東岸に出た。東岸には、川を挟んで国道四号線と並行して走る地方道一関北上線がある。私はその道を北に向かった。

　みちのくを南北に縦貫するメインルートである国道四号線に較べれば、対岸にある一関北上線の交通量は極端に少ない。道は緩やかな上り下りを繰り返しながら、北上山地の山すそと北上川の間の狭い耕地を縫っている。ときおり道路は集落に入り、車は人家の庭先をかすめるようにして進む。腰をかがめた老人が、鍬を担いで道端を歩いている。苗を積んだ耕耘機《こううんき》が、のんびりと動いている。

車窓からは、ときおり満々たる水量をたたえた北上川の水面がみえる。この付近では河原がほとんどなく、水際まで木々に覆われている。

五月の初旬は、北東北は新緑の季節である。みちのくは絢爛《けんらん》たる紅葉で知られるが、新緑のこの時期も、山は秋に負けないほどの豊かで鮮やかな色彩に彩られる。長く厳しい冬を抜けた木々は、精いっぱいの自己主張をするかのように、一斉に思い思いの色の若葉をつける。新緑の木々の間では山桜が咲き誇り、山吹が黄金色の花をつけている。空中には陽光を浴びた柔らかな綿毛が、風に乗って雪と見まがうばかりに飛び交っている。

山ではまもなく紅い山ツツジが色彩の饗宴に参加し、フジが紫雲のような花をつける。やがて花の季節が終わりを告げ、青葉が濃さを増して黒がその基調色に加わり、常緑樹の深緑と穏やかな調和をみせるようになると、東北の山はもう初夏である。

一関北上線を二〇分ほど走ると、道は国道三四三号線との分岐に出る。北上山地を貫いて三陸海岸へと抜ける道である。この道を右手に入る。交通量を考えれば信じられないほどの立派な道路である。そこを一・五キロも進めば黒石寺の門前である。

黒石寺は山を背にして、門前を流れる瑠璃壺川（山内川）が作る段丘の最奥部に建てら

図19　黒石堂本堂（薬師堂）

れている。門前には人家はなく、手打ちそばの店が一軒あるだけである。

正面から入って杉木立の石段を登ると、明治時代に再建された本堂の薬師堂がある。蘇民祭に使われるためであろうか、外陣が外に吹き放たれた構造になっている。右手には庫裏があり、住宅風建築の一階に、欄干と華頭窓《かとうまど》のついた仏堂風建築の二階を載せた鐘楼がみえる。これも明治の建築である。本堂の左手には仏像を納めた宝蔵庫がある。本堂の脇を登った高台には妙見堂が立っている。

かつては四八の伽藍が建ち並び隆盛を誇ったというが、いまはどこにでもあるようなこぢんまりとした寺でしかない。

ごくありふれた寺院にしかみえない黒石寺は、実は東北では有数の由緒を誇る寺院だった。寺伝によれば、奈良時代の天平年間（七二九〜四九）に行基によって開かれたという。さらに平安時代に入って、東北巡錫《じゅんしゃく》の折に慈覚《じかく》大師円《えん》仁《にん》がここに逗留し、寺を再興したとされる。

黒石寺の古仏

慈覚大師中興の寺伝を裏付けるかのように、寺はいまでも多くの平安仏を所蔵している。圧巻は寺の本尊でもある薬師如来座像である。これは東北にしばしばみられるカツラの木の一木彫である。カツラはこの地方では霊木とされていた。胎内に貞観《じょうがん》四年（八六二）の墨書銘をもつこの像は、在銘の木彫仏としては最古のものといわれる。胎内にはまたこの像の造立に協力したと推定される「額田部《ぬかたべ》」「保積部《ほづみべ》」といった姓が記されている。

分厚い唇とつり上がったまなじりをもつこの像は、一見近づきがたい印象を与える。だがじっと見つめていると、口元にかすかなほほえみを浮かべ、穏やかにこちらを見返してくれる。ほかにも黒石寺には、この薬師如来とほぼ同時期の作と推定される、奇怪な表情をした四天王像がある。

一関から北の北上川東岸には、黒石寺の諸仏にとどまらず平安以前に遡る仏像が点在している。北上一関線を黒石寺への分岐からさらに北上すれば、江刺市の藤里毘沙門《びしゃもん》堂、北上市の立花毘沙門堂があり、どちらも平安期の毘沙門天像を蔵している。立花毘沙門堂は、九世紀の一大宗教センターだった極楽寺の一角をなしていた。さらにその北には五㍍近い巨像を納める、東和町の成島毘沙門堂が存在する。毘沙門天の足元にはべる二鬼の表情がなんとも愛らしい。

これらの毘沙門天像はみな地天《ちてん》に支えられ、武器を手にいかめしい顔つきで屹立《きつりつ》している。

奥六郡の建立

奈良時代の末から平安時代の初期にかけて、この地域は中央政府と蝦夷《えぞ》の両軍が死闘を繰り広げた場だった。

天応《てんおう》元年（七八一）に即位した桓武《かんむ》天皇は、蝦夷の支配地域への本格的な侵攻計画を実施した。多賀城に集結した数万の軍は、それまでまったく中央政権の支配の及ばなかった胆沢《いさわ》の地を奪うべく北上し、続々と衣川《ころもがわ》を越えた。

征討軍は当初から苦戦を強いられた。アテルイの罠にはまり、初戦では北上川と衣川に追い落とされて、一〇〇〇名を超える損害を出している。

しかし、桓武はあきらめなかった。戦闘が膠着状態に陥るや、武勇で名を知られた坂上田村麻呂《さかのうえのたむらまろ》を新たに登用した。後に征夷大将軍《せいいたいしょうぐん》に任命される田村麻呂は硬軟両策を駆使して平定を進め、胆沢地方を完全に掌握してその地に胆沢城を築いた。延暦二十一年（八〇二）のことである。田村麻呂は最終的には盛岡の北にまで進出を果たした。勧告に応じて降伏したアテルイは、田村麻呂の助命嘆願にもかかわらず京都で処刑されている。

黒石寺は、対蝦夷戦争の最前線であった胆沢城を去ることわずかに十数キロの距離にあった。しかも黒石寺が創建されたという平安時代の初期は、まだ戦火の余燼のくすぶる時期だったのである。

黒石寺をはじめとする仏像群は、中央政府の支配の最前線に沿って建立された朝敵降伏のシンボルだった。それはまた、蝦夷の抵抗の根拠地であった北上川東岸地域に深く打ち込まれた文化的なくさびだった。矛を手にし、仏敵を砕破すべく四周を見渡す毘沙門天像の鋭いまなざしは、同時に朝廷にあだなす蝦夷にも向けられたものだったのである。

厳しい政治的緊張のなかで建立された黒石寺の薬師如来像は、いまは本堂を離れて宝蔵庫にひっそりと眠っている。

大師森の成立

現在黒石寺の伽藍は薬師堂周辺だけになっているが、本来はかなりの規模の寺院であったと想像される。いまでも黒石寺の近辺には広い範囲にわたって、かつての堂宇の存在を思わせる多数の地名が残されている。

なかでも注目されるのは、寺の裏山にある慈覚大師窟にまつわる伝承である。寺の縁起の伝えるところによれば、慈覚大師がこの地に滞在していたとき山上の岩屋にこもって瞑想していたが、示現《じげん》を被って薬師如来像を造立し、寺に安置したという。その後、慈覚大師を偲《しの》んだ人々が大師の尊像を刻んでこの岩窟に納めた。いまこの山は大師山（大師森）とよばれているが、その名称の由来はここにあるというのである。

寺の縁起はさらに続く。――後代になって、野火がおこって大師の顔面を焼くことがあった。このとき像はみずから窟を飛びだして、薬師堂に飛び入った。大師像の顔に焼け焦げた跡があるのは、これが原因だった。

図20　(伝)慈覚大師座像（水沢市・黒石寺所蔵）

この伝承を裏付けるように、現在寺には慈覚大師像と伝えられる僧形の座像がある。この像も一木彫で、膝の裏に墨書銘がある。それによれば永承二年（一〇四七）、願主である好勝らが、「三悪道の苦を免れるために」造立したものであるという。伝えられるような焼けた痕跡はみえないこともあり、この像が伝説の大師像とそのまま結びつくものであるかについては、即断することはできない。これはもともとは僧形の神像であったという指摘もある［久野、71］。

それにしても、この寺には立石寺と同様、いたるところに慈覚の痕跡が残されているのである。

大師山に登る

大師山は双子の山である妙見山とともに、黒石寺の裏山をなしている。この山に抱かれるようにして、現在の黒石寺の伽藍があるといったほうが適切かもしれない。

私はかつて境内にある妙見堂の脇から、妙見山を経て大師山に直登しようとしたことがあった。「熊出没、注意」の立て看板を無視して、かすかに残る踏み跡を辿《たど》った。晩秋だったにもかかわらずあまりの藪の深さに閉口して、結局途中から引き返さざるをえなかった。

大師森に上るためには、それよりはるかに手軽なルートがある。この日、私はそちらの道を使った。

国道三四三号線を黒石寺に向かうと、寺のすぐ手前で左に別れる道がみえる。ここに入ると、曲がりくねった急な登りになる。かなり狭くカーブもきついが、十分車で行ける道である。まもなく道は平坦になり、広い駐車場が現れる。駐車場の下には貯水池の水面が光っていた。

ここからアカマツ林の中を徒歩での登りとなる。柔らかな木漏れ日が顔を染めるなか、まっすぐな急坂を上り詰めると傾斜はしだいに緩くなり、道は山腹を巻くように続いていく。このあたりから岩の露頭が現れるようになり、先に進むにしたがってしだいにそれが目立ってくる。黒々とした岩は黒石寺という名称の由来となった「蛇紋岩《じゃもんがん》」である。

頂上がみえるくらいのところまで来ると、ちょっとした平場があり、案内板が立っている。大師堂跡である。明治のころまではここに堂宇があり、慈覚大師像が安置されていたという。

大師堂跡から先は岩の間の登りとなる。地面に額をこすりつけそうな最後の急登を終えると、大師山の頂上である。山頂には小さな東屋があり、ベンチがしつらえられている。視界が開け、気持ちのよい草原が広がっている。

ここからは西に胆沢盆地を一望できる。眼下には北上川が横たわり、目を上げれば雪をいただいた焼石《やけいし》連峰がみえる。焼石連峰は東北でも屈指の高山植物の宝庫である。七月には、焼石岳直下の雪渓の周辺は一面のお花畑となる。

図21　黒石寺大師窟

日差しは心地よく、腰を下ろして目をつむっているとつい眠気に誘われる。

　目的の大師窟はこの山頂から、登ってきた方角とは逆に二〇〇《メートル》ほど下ったところにある。岩が高い壁となって連なり、その一部が廂《ひさし》のように突き出した下が岩窟《がんくつ》となっている。入り口には屋形が作られていたが、雪のためであろうか、かなり破損が進んでいた。周辺には落下した岩の塊が散乱していた。

　日当たりは悪く湿気も多そうな場所で、とても居住に適しているとは思えないが、ここはまぎれもない慈覚大師修行の霊地と信じられているのである。

すでに述べたように、黒石寺は縁起に記された「四十八院」を有するという表現が誇張ではないほどの、多数の伽藍を有した時代があった。

黒石寺のコスモロジー

黒石寺の近辺には山内川がつくる谷戸に沿って、黒石寺との関連を思わせる地蔵堂跡、文殊《もんじゅ》堂跡、聖観音堂跡、大日堂跡といった堂宇の遺跡が存在する。また、寺の裏山は妙見山、大師山とよばれ、かつて山上にはそれぞれ妙見堂と大師堂があったことが知られている。さらに国道三四三号線を一キロほど進んだ先には御経塚山《おきようづかやま》がある。平安時代に流行した、埋経《まいきよう》の跡を思わせる地名である。

黒石寺にはいま、伽藍の中央に本尊の薬師如来像を安置していた薬師堂がある。この建物自体は明治時代の建築だが、寺地の形状からみて、創建当初からこの周辺に伽藍の中心をなす金堂が存在したことは疑問の余地がない。かつて黒石寺は薬師堂を金堂とし、大師山頂上一帯の大師堂・入定窟を奥の院とした、広大な地域を占める巨刹《きよさつ》だったのである。

佐々木徹は、往古の黒石寺は薬師如来像を安置する本堂＝薬師堂に加え、慈覚大師像を納める奥の院が本堂と並ぶもう一つの信仰の聖地を形づくっていたことを指摘する。黒石寺もまた、かつては二つの聖域を擁する山の寺だったのである［佐々木　01］。

黒石寺の創建は貞観年間（八五九～七七）に遡る。それは蝦夷の世界に打ち込まれた文化的な楔《くさび》だった。それがいつ、いかにして、二つの焦点をもつ山の寺へと変貌を遂げたのであろうか。

黒石寺に決定的な変化をもたらすのは、十一世紀半ば以降に起こったと推定される天台宗への改宗だった。それを主導したのは、当時一関の中尊寺領骨寺などでも活躍していた、聖《ひじり》とよばれる天台系の僧侶であったと佐々木は推定する。聖はたんなる伝道者ではなく、同時に中央の最新の知識と技術の伝播《でんぱ》者でもあった。彼らは寺の再興に並行して、新道を通し田畑を開くなど地域の総合的な開発を進めた。

おりしも畿内の天台寺院では山の寺の整備が進められ、聖人信仰が高揚する時期だった。また立石寺でも慈覚大師がクローズアップされていた。みちのくにおける天台宗の教線拡張の動きの中で、黒石寺を天台寺院に改めた天台聖《てんだいひじり》は、かねてから存在した薬師如来像に加えて奇巌の突出する裏山に着目し、そこを祖師信仰の聖地化することを目指した。そのために彼らは、ここでも慈覚大師に一役買ってもらうことにした。

彼らは大師窟をめぐる修行伝説を作り上げ、また僧形の坐像を慈覚大師像と規定して、それを山上の岩窟に安置した。かくして大師山頂上一帯は、慈覚大師信仰と密接に結びついた新たな聖域と化したのである。

みちのくを徘徊しつつ次々と寺を再興していったという慈覚大師のイメージに、聖たちはみずからの姿を重ね合わせていたのである。

奥の院成立の背景

私たちはこれまで、平安時代に入ると天台宗・真言宗を中心に、それまでの寺院とは異なった伽藍配置をもった山の寺が建立されはじめることをみてきた。

山の寺ではやがてその最奥部に、寺と関係の深い祖師を祀る廟堂・祖師堂といった堂宇が建立されるようになる。のちに奥の院とよばれるようになるそれらの施設は、従来から寺の中心であった金堂に加えて、もう一つの聖域を構成した。奥の院が生み出されてくる背景には、祖師の人格に対する信仰の高揚があったのである。

しかし、それにしてもなぜ十一世紀ごろから聖人・祖師《そし》に対する信仰が一斉に開花しはじめるのであろうか。人々は本尊仏とは別に、人師になにを求めたのであろうか。

私たちは二つの聖域をもつ山の寺が成立する平安時代中期において、聖人や祖師がどのような役割を担っていたかを考えてみる必要がありそうである。

よみがえる聖徳太子　四天王寺

四天王寺の夕日

四天王寺《してんのうじ》の夕日を見たいと思った。地下鉄御堂筋《みどうすじ》線の四天王寺駅を出ると、私は谷町筋に沿った四天王寺駅前商店街のアーケードを通って、北の方角にある四天王寺をめざした。歩道沿いには、衣類や種苗《しゅびょう》や薬品を扱うたくさんの商店が並んでいる。なかなかのにぎわいぶりである。声高な大阪弁の飛び交う店先を歩いていると、東北人の私には、まるで異国の街にいるように感じられる。

途中から谷町筋と別れ、仏具店や土産物店のある門前町風の通りに入る。夕方という時間のせいであろうか、高校生らしい生徒たちが大勢駅に向かっている。その流れに逆らうように進むと、駅を出てから一〇分ほどで寺に到着する。正門にあたる南門を通るのが正

図22　四　天　王　寺

式の参詣の作法であろうが、私は石の鳥居をくぐって西門から境内に入った。

境内は広い。思い思いの人々が夕涼みをかねて散策を楽しんでいる。西門からまっすぐ進むと、朱と緑に彩られた連子窓《れんじまど》をもつ回廊に突き当たる。この内部が四天王寺本来の核心部分である。五重塔・金堂が前後に並ぶ、四天王寺式といわれる伽藍《がらん》配置が取られている。

四天王寺は日本最古の官寺である。物部守屋《もののべのもりや》追討の際に、聖徳太子が四天王に戦勝を祈願したことに淵源《えんげん》をもつと伝えられる。だが実際に完成するのは、大化改新（六四五年）以降のことであると考えられている。その後たびたび火災に遭って、当初の伽藍は一つも残っていない。

現在の四天王寺は、回廊内部についてはほぼ当初の形態を忠実に復元してある。ただし、そこにある建造物はすべて戦後になってからのコンクリート製の再建である。年代を経ていくぶん落ち着いた色調にはなっているが、彩色はいまだに鮮明である。飛鳥時代創建の寺として法隆寺のような枯れた美を予想して訪れると、現実とのずれに驚かされてしまう。

しかし、法隆寺も創建当初は、驚くほど色鮮やかで派手派手しいものだったにちがいない。そう考えると、いま私たちが目にする四天王寺は意外に昔の人が見ていた実物に近いのかもしれない、などと思ってしまう。

四天王寺の歴史

聖徳太子の発願《ほつがん》によって建立された四天王寺には、その後官寺として封戸《ふこ》や寺領の施入が行われた。また、天皇や豪族たちからの仏像や装飾具の納入も相次ぎ、南都七大寺の一つとして順調な発展を遂げた。

しかし、平安時代に入るとその寺勢にも陰りがみえはじめる。承和《じようわ》三年（八三六）、五重塔への落雷があり、天徳四年（九六〇）には大規模な火災に遭っている。おりしも律令制支配の衰退期にあたっていた。伽藍復興のために、もはやかつてのような国を挙げた支援を期待することはできなかった。十世紀の末ごろには、四天王寺はきわめて危機的な状況に陥っていたのである。

そうしたなかで寛弘四年（一〇〇七）、金堂内の六重塔から一通の古い文書が発見された。発見者は十禅師慈蓮という僧である。文書の作者はなんと聖徳太子であり、彼が未来を予言して書き残したという体裁をとっていた。文書の上にはご丁寧にも、聖徳太子の手印《しゅいん》までが押してあった。

このように過去の聖人が未来を予言した書物は「未来記」とよばれた。平安時代後期から中世にかけては、聖徳太子をはじめ、さまざまな聖人の手になる未来記が次々に出現しては世を騒がせた時代だった。

いうまでもないことだがこの『四天王寺御手印縁起《ごしゅいんえんぎ》』が、聖徳太子自身の手になるものとは考えがたい。寺の衰退に危機感を抱いた関係者によって、それに歯止めをかけるべく発見の直前に偽作されたものであることは、すでに指摘されている［田中、69］。

そのもくろみは見事に成功した。縁起の出現以降、四天王寺には上皇や女院、貴族たちの参詣が急増し、衰えた寺勢は急速に回復に向かうのである。

四天王寺縁起の思想

聖徳太子に仮託された『四天王寺御手印縁起』を貫くものは、末代における四天王寺の衰亡に対する強い危機意識である。

もし後代に道を外れた国王や悪逆の臣が現れ、寺物をかすめ取ったり、私の願を妨げるような行為をすることがあれば、そのものは三世の諸仏と十方の賢聖を破辱する罪をえて無間地獄に堕《お》ち、永く浮かび上がることがないであろう。その子孫もまた数知れぬ災害を被り、寿命はつづまり、官位を失うであろう。(中略)

鬼神もみな怒りをなし、疾疫は日々広がり、人民は乱を起こし、戦乱は絶えることがないであろう……。

『四天王寺御手印縁起』はこのように、末代に寺に降りかかるであろう無法な行為の数々を極めて具体的に描写している。これは実は、縁起が見つかったころに四天王寺が直面していた状況にほかならなかった。縁起はその一方で、こうした時代にはいったいなにをすれば救われるのかという疑問にも、はっきりとした解答を示している。あるいは一香一花をささげて恭敬供養し、あるいは一塊一塵をもこの寺に喜捨し、あるいははるかに寺の名を聞いて、遠方から礼拝を行う。これらのものたちは、必ずや浄土に往生する縁を結ぶことになるであろう。

たとえどのような暗黒の時代が到来しようとも、むしろそうした濁悪の世であるからこそ、人は四天王寺に詣でていくばくかの寄進を行い、供養の真心を尽くすことによって、現世の栄華だけでなく来世での浄土行きの切符も手にすることができる、とされるのである。

浄土信仰の寺へ

『四天王寺御手印縁起』の出現する十一世紀初頭は、浄土信仰の鼓吹者として名高い源信《げんしん》の活躍していた時期だった。貴族や庶民たちの間に、浄土に往生したいという機運が急速に盛り上がりつつあった。この世での栄華を極めた藤原道長《みちなが》も、死後には極楽浄土に迎えられることを真剣に願い、その子の頼通は、極楽の荘厳《しょうごん》をこの世に移したといわれる平等院を宇治に建立している。

このような状況のなかで、縁起中に四天王寺への結縁《けちえん》が浄土往生を可能にすると書かれていたことは、四天王寺に極楽浄土の信仰が導入されるきっかけとなった。縁起の作者は欣求浄土《ごんぐじょうど》の念が高揚しつつある世相を十分に把握していた。そのうえで、四天王寺をもそうした風潮に便乗させるべく、縁起を偽作するにあたって浄土信仰の要素をその中にたくみに取り入れたのである。

その結果、これ以降中世にかけて、四天王寺は浄土信仰のメッカとしての地位を獲得していった。その西門が極楽浄土の東門であるという信仰も生まれた。『今昔《こんじゃく》物語集』は、四天王寺の西門に聖徳太子が手ずから、「釈迦如来転法輪所　当極楽土東門中心」（ここは釈迦が法をお説きになったところで、極楽の東門の中心である）と記したという伝承を記している。そして、それに続けて、「そのため人々はかの西門で弥陀の念仏を唱え、いまに至っている。参詣したことのないものはいないほどだ」と、当時のにぎわいぶりを伝えている。

当時、四天王寺の西門のすぐ外には浪速《なにわ》の海が広がっていた。鎌倉時代に作られた『一遍聖絵《いっぺんひじりえ》』にはその様子が忠実に描き出されている。人々は西門の内側から、門を通して海の彼方に沈む夕日を眺めては、西方にあると信じられた極楽浄土に思いを致したのである。

さらにこの時代には、極楽に再生することを願って、西門の外の海に身を投げて入水《じゅすい》往生を遂げることも流行した。四天王寺は、中世には念仏聖《ねんぶつひじり》たちの活動の拠点ともなっていた。かつて国家的寺院＝官寺として繁栄した四天王寺は、平安時代の後期には浄土信仰の寺として再生を遂げることに成功したのである。

私は西門の内側に立って、夕暮れの西空を眺めた。いまでは海岸線は遥か西に退き、み

図23　四天王寺西門内側からの眺め

えるものは家々の屋根やビルだけになってしまった。それでも空一面を赤く染め、あらゆる存在をオレンジ色のシルエットに変えて沈み行く大きな夕日は、名状しがたい感慨を催させるものがあった。

　行き交う人々の中に立って、私は最後の輝きを示す落日をみつめていた。

再生する聖徳太子

　四天王寺がもつ、浄土信仰の霊場としての聖性を保証したのが聖徳太子であった。もともと聖徳太子建立の寺として、四天王寺と聖徳太子との関係は浅からぬものがあった。平安時代の初めには、聖徳太子を祀る精霊《しょうりょう》院が成立していたといわれる。しかし、『聖徳太子御手印縁起』とよばれるこの文書の発見をきっかけとして、四天王寺では信仰の対象としての聖徳太子が格段にクローズアップされるに至った。

かつて創建当初、四天王寺の伽藍の中心は回廊内部の金堂だった。それに対し縁起が発見された十一世紀以降は、精霊院の太子尊像が人々の尊崇を集めるようになるのである。その際、聖徳太子は決して過去の人物ではなく、四天王寺にあって、いまなおこの世に影響をあたえつづけていると観念されていたことは重要である。

寛弘四年（一〇〇七）に四天王寺の金堂中より聖徳太子の縁起＝未来記が発見されたことについてはすでに触れた。聖徳太子の未来記はこれ以降も、四天王寺を中心に出現を繰り返すのである。たとえば『太平記』には、次のような説話が載せられている。

――元弘二年（一三三二）四月、隠岐に流された後醍醐《ごだいご》天皇の命に応じて挙兵した楠木《くすのき》正成《まさしげ》は、戦闘の合間を縫って四天王寺に詣でた。正成はそこで聖徳太子が書き残したという、次のような未来記を閲覧した。

人王九十五代に当たって、天下ひとたび乱れて安からず。

この時、東魚来って四海を呑む。

日、西天に没すること三百七十余箇日。

西鳥来って東魚を食う。
その後、海内一に帰すること三年。
獼猴《みこう》の如《ごと》くなるもの、天下を掠《かす》むること三十余年。
大凶変じて一元に帰す。

後醍醐天皇は神武から数えてまさしく九五代目の天皇に相当した。この未来記が、後醍醐天皇の治世下に生じた戦乱を指すものであることは疑問の余地がない。これは、ある重大事件が起こることを聖徳太子があらかじめ予言する、という形式をとっている。だがいうまでもないことであるが、実際にはこれらの未来記は、事件の起こった後にそれを体験した人物が、聖徳太子に仮託して偽作したものだった。にもかかわらず、未来記がひとたび世に出現すると、人々の熱狂的な支持を受けて独り歩きを始め、社会に巨大な影響を及ぼしていく。

中世において、四天王寺はまさしく聖徳太子の予言の発信地だったのである。

法隆寺の太子信仰

聖徳太子信仰が高揚したのは四天王寺だけではなかった。同じく聖徳太子が建立したとされる法隆寺でも、十二世紀ごろから聖徳太子の存在が大きくクローズアップされてくるのである。

図24　法隆寺聖霊院

法隆寺では金堂・五重塔を囲む西院回廊の外側には、「室《むろ》」とよばれる僧侶の生活の場が設けられていた。室は小さく仕切られたたくさんの部屋（房）からなっていたが、十二世紀の初めに東室ではその南端の三房が改装されて、新たな施設が設けられた。聖徳太子を祀る精霊院である。保安《ほうあん》二年（一一二一）には、そこに安置される太子勝鬘経講讃像《しょうまんぎょうこうさんぞう》の開眼供養《かいげんくよう》が行われている。

おりしも長い伝統を誇る法隆寺は、律令体制の解体にともなって、四天王寺と同様に存亡の瀬戸際にまで追いつめられていた。精霊院の創建と聖徳太子信仰の浮上は、法隆寺にとっても寺の浮沈をかけた試みだったのである。精霊院は以後新たに多くの参詣者を引きつけ、寺僧のもくろみどおり、法隆寺再生の切り札としての役割を果たすのである。

このとき造られた精霊院は、その姿を現在に留《とど》めている。いまなお聖徳太子の徳をしたい、そのご利益《りやく》を求めて訪れる人は絶えない。

法隆寺ではそれまで、聖徳太子にまつわる信仰の中心をなしていたのは東院夢殿の救世《くぜ》観音《かんのん》だった。この仏像は聖徳太子等身の像と信じられ、信仰を集めてきた。ところが精霊院が創建され、新たな尊崇の対象として俗形《ぞくぎょう》の太子像が現れると、救世観音像は秘仏化されて人目から遠ざけられてしまうのである。

伝統寺院の変貌

飛鳥時代以来の伝統と格式を誇る四天王寺と法隆寺において、十一世紀以降相次いで聖徳太子個人に対する信仰が高揚し、太子を祀る精霊院が創建されることは興味深い現象である。

両寺では金堂を中核とする従来の国家的信仰に変わって、この精霊院が人々を寺に引きつける役割を果たした。そして聖徳太子と精霊院を中心に、官寺の衣を脱ぎ捨てて、大衆に根ざした新たなタイプの寺院へと脱皮を遂げていくのである。

私は先に、平安時代に入って建立される山の寺では、十一世紀ごろからその最奥部に廟《びょう》堂《どう》・祖師堂《そしどう》などとよばれる堂宇が建立されるようになり、従来からあった金堂に加えて寺のもう一つの聖域を構成するようになることを指摘した。そしてその背景には、寺にかかわりの深い聖人個人に対する信仰の高まりがあった。

四天王寺と法隆寺に起こった現象も、これと共通するものということはできないだろうか。どちらも従来の伽藍に加えて、あらたに聖徳太子を祀る施設が造られ、新たな聖域を構成した。つまりこれらの寺院は、精霊院の成立を契機として、二つの聖域をもつ寺院へと脱皮を遂げているのである。

こうしてみると二つの聖なる焦点を有する寺院への変貌は、平安時代に入って創建される山の寺だけに起こった現象とはいえないようである。東大寺や唐招提寺《とうしょうだいじ》でもこの時期、伽藍の中枢からやや離れた高みに開山堂が建立されている。むしろ平安時代の中期から、時代に即応した新たなタイプの寺へと変身を遂げようとする諸寺院一般に、共通してみられる動向だったのではなかろうか。

祖師の役割

金堂に安置される本尊仏は、それぞれの寺院における信仰の中心的対象だった。それに対し、御影堂に祀られる聖人祖師はどのような役割を担っていたのであろうか。

祖師自体が信仰の対象としての側面をもっていたことはいうまでもない。比叡山に登った藤原頼長が、根本中堂の「伝教大師像《でんぎょう》」を参拝したことは先に触れた。祖師信仰はこれ以降、中世に向かって加速度的に過熱化し、本尊仏に代わって人々を寺に呼び寄せ、そのささやかな祈りを受け止める役割を果たすことになる。庶民救済に果たした聖人の役割については、後に改めて考えてみることにしたい。

だが祖師の役割はそれだけではなかった。彼らはこの世界を監視し、寺の聖域を侵犯し寺家の権益を損なうものに懲罰を加えるという使命をも担っていたのである。

有人《あるひと》いわく。慈恵僧正《じえそうじょう》。満山の三宝を護らんがため、法門の遺跡を継がんがため。浄土に往かず、なおわが山に留《とどまる》と云々。いま案ずるに護法を当山に留め、ついに往生を西土に遂げるなり。

これは三善為康《みよしためやす》の『後拾遺往生伝《ごしゅういおうじょうでん》』のなかの一節である。慈恵大師良源《りょうげん》は比叡山中興の祖として知られる。その木像は横川《よかわ》に祀られて人々の崇敬を集めていた。彼は名の通った聖人であり、この世を辞してただちに極楽浄土に往生したといっても、だれも不思議には思わないような人物だった。しかし、良源はあえてこの世を去ることを拒み、彼がかつて足跡を標《しる》した比叡の山に留まってそこを見守り、邪悪な力を排除する役割を果たしていると信じられていたのである。そして、それは良源だけにとどまらなかった。

先に触れた、聖徳太子作とされる『四天王寺御手印縁起』には、もし後世に役人が邪心を起こして寺の領地を侵犯すれば、仏法は滅亡の道を辿り、君臣の序列は乱れ、やがて際限のない混乱と退廃の世が出現することが説かれていた。これ以外にも平安時代後期以降多くの未来記が出現したが、その作者として弘法大師・智証大師などが登場する。

未来記にはその作者は異なっても、共通する一つのパターンを見出すことができる。それは彼らの開いた寺（弘法—高野山、智証—園城寺）が侵略され、その権益が脅かされたときには、世の中が激しく乱れることになるゆえに、なにをおいてもまず寺の利権を尊重すべきである、と主張する点である。

これら一群の未来記は、いうまでもなく後人の手になる偽書である。だが、平安時代中期になって開山祖師が改めてクローズアップされることは看過しえない。それはこの時期における祖師信仰の浮上—廟堂の成立と密接に関わる現象であると推測される。彼らはいずれも、それぞれの寺で生けるがごとく祀られている存在だった。彼らは過去の人物ではなく、いまなおこの世を監視しつづけ、寺に敵対するものに容赦ない懲罰を下す存在と観念されていたのである。

この世の監視者としての中世的な聖人のイメージをもっとも端的に示すものが、起請文《きしょうもん》に登場する聖人たちである。

罰を下す祖師

十二世紀から多数制作されるようになる起請文は、中世を代表する文書の一つである。起請文は神仏に何ごとかを誓う言葉を文書にしたものであり、誓約の文言《もんごん》の後に、それを破ったときに罰を下す神仏が名を連ねるという形をとっている。その起請文中に、神や仏に混じって、聖徳太子・弘法大師・慈恵大師らの名前が登場するのである。起請文にはまた、「大師の明監を仰ぐ」といった文言の入ったものもよくみられる。彼らは違反の有無を判定して賞罰を下す、絶対的存在にまで祭り上げられていたのである。

監視者としての聖人は、未来記や起請文以外にも中世のさまざまな局面にその姿をあらわにしてくる。

後白河院領であった備後国《びんごのくに》大田荘を高野山に寄進させることに成功した盲目の勧進聖《かんじんひじり》鑁阿《ばんな》は、建久三年（一一九二）、荘官や百姓に一通の「下文《くだしぶみ》」（命令書）を出した。その中で鑁阿は、もし彼らが寺の指示に従うことなく勝手気ままに振る舞うならば、必ずや「両界諸尊」「大師明神」などの罰を受けることになるだろうと警告している。ここでいう「大師」とは、弘法大師のことにほかならない。奥の院に眠る弘法大師はただの入定者ではなく、いつでもその力を此土《しど》に行使できる存在だったのである。

もう一つだけ例を挙げよう。嘉禄元年（一二二五）のことである。法隆寺は、河内国にある自領の弓削荘《ゆげのしょう》をめぐる訴訟に際して精霊院御影《みえい》を奉じて入京し、判決が有利になるよう圧力をかけた。これ以外でも法隆寺は、鵤《いかるが》荘などみずからの荘園でトラブルが起こると、太子の御影を引きだしては圧力をかけようとしている。聖徳太子は中世の法隆寺にとって、寺の守護神であり仏敵調伏《ちょうぶく》のシンボルそのものだったのである。天養元年（一一四四）の「立石寺如法経所碑銘」にも、「大師の護持を仰ぐ」という言葉があったことが想起される。

十一・十二世紀は、国家的寺院としての古代官寺が中世寺院へと変身を遂げようとする時代だった。中世的寺院では信者らの寄付に加えて、集められた荘園がもう一つの財政基盤をなした。廟堂の聖人たちは民衆を寺に呼び寄せる役割を果たすとともに、寺と寺僧を守護し、その権益に対する侵犯を監視するという使命をも担っていた。

立石寺や黒石寺の慈覚大師も、聖たちの手で開発の進められていた周辺一帯の寺領の守護者として位置づけられていたのである。

亡くなった人間がこの世界に留まって監視の目を光らせることは、仏教者だけに限定された機能ではなかった。

先祖のいる山

鎌倉を見下ろす北山に建てられた法華堂には、武家の都鎌倉の創建者であり鎌倉幕府の開創者である源頼朝が祀られていた。そこには頼朝の肖像画が掛けられていたという。鎌倉の武士や住民たちはその視線を常に意識しながら、日常生活を送っていたのである。また鎌倉時代の上級貴族である九条道家《くじょうみちいえ》が著した建長二年（一二五〇）の「処分状」には、自分の死後もしこの処置に背いて濫妨《らんぼう》をなすものが出た場合には、みずから冥罰《みょうばつ》を下すと宣言している。僧俗を問わず、あるタイプの人間は死してもなおこの世界に残り、監視を続けていると考えられていたのである。

そうした観念を背景として、やがて御影堂をもつ寺ではゆかりの深い祖師がいまなおそこにいて、この世を見守っているという思想が、広く社会に共有されるようになる。

大師の住所はどこどこぞ。伝教慈覚は比叡の山、横川の御廟とか。智証大師は三井寺にな。弘法大師は高野の山にまだお坐《わ》します。（『梁塵秘抄《りょうじんひしょう》』）

ここで各大師がいまもそこにいるとされる地は、いずれもその廟所があり、その上で入定伝説が定着したり肖像が祀られたりしているところだった。彼らは門徒・信徒が亡きその姿を偲ぶよすがとするために廟堂に祀られたのではなかった。いかの大師たちは、没後もその力をこの世界に行使しつづけることを期待されていた。いまなおこの世に留まり、廟堂の奥深くから鋭い視線を投げかけていると信じられていたのである。

ここで一つの疑問がわき上がる。聖人信仰の対象となった祖師たちは、みな著名な人物だった。しかし、有名な人間がすべて信仰の対象となったわけではない。俗形の聖徳太子が各地で祀られていることを考えれば、出家であることは必須の条件ではなかったようである。ある人物が信仰の対象として奥の院の廟堂に祀られるためには、どのような条件が必要だったのであろうか。

次節では、引き続いて聖徳太子を取り上げ、この問題をさらに突き詰めていくことにしたい。

垂迹としての聖人　叡福寺

聖徳太子の眠る寺

日本仏教の興隆者として名高い聖徳太子は、推古天皇三十年（六二二）法隆寺に隣接する斑鳩宮《いかるがのみや》に没した。その墓は現在の大阪府南《みなみ》河内《かわち》郡太子《たいし》町に設けられた。『日本書紀』にいう「磯長陵《しながのみささぎ》」である。この廟所は現在、叡福寺《えいふくじ》という寺の境内になっている。

京都から近鉄奈良線に乗った私は、橿原神宮前《かしはらじんぐうまえ》で南大阪線へと乗り換えた。二両編成のワンマンカーは二上山《にじょうさん》の山すそを回るように進んだ。二上山駅を過ぎると電車は山の中に入る。ときおり車窓からは山腹を切り開いたブドウ園がみえた。

私は上ノ太子駅で電車を降りた。駅前からなだらかに続く丘陵には、一面に果樹園が広

図25　叡　福　寺

がっていた。ここから叡福寺まではバスを使うこともできるが、私は歩くことにした。たこ焼き屋が屋台を出している駅前を出て、果樹園のある丘陵を左にみて線路を越えると、まもなく橋に出会う。橋を渡ってしばらく進むと、目の前に新興の住宅街が現れる。

ここで道を右に折れて、住宅地の中をまっすぐに貫く広い道をどこまでも歩く。道は緩やかな上りになっている。夏の日曜日のせいであろうか、人影はまったく見えない。さえぎるもののない路上を歩く私に、太陽が真上から容赦なく照りつける。左側には真新しい住宅が続いている。住宅の屋根越しに二上山の双耳峰《そうじほう》がのぞいている。

道の右側はブドウ園になっている。棚の下には、紫色をした房が重そうに垂れていた。直線道路を一キロも歩いたであろうか、道が最高点に達したところで霊園のフェンスにぶつかる。叡福寺の霊園である。霊園の外周に沿って少し歩くと霊園の入口があった。目的の叡福寺はこの霊園内の道路を、いままで歩いた斜面とは逆方向に下りきったところにある。

霊園に足を踏み入れると、その広さに驚かされる。頂上から麓《ふもと》に至る山の斜面が見渡すかぎり墓地となっている。私は新しい墓石が並ぶ園内の小道を、寺をめざして下った。

磯長の廟所

叡福寺は白砂の境内に、桃山時代から江戸時代に至るさまざまな時期に建立された伽藍《がらん》がバランスよく配された寺である。寺の門前には、難波《なにわ》と飛鳥《あす》鳥《か》を結ぶいにしえの官道、竹内《たけのうち》街道が走っている。現在はハイキングコースになっているこの街道を山の方角に向かえば、二上山の肩にある岩屋峠を越えて飛鳥の当麻寺《たいまでら》に至る。目的の聖徳太子廟《たいしびょう》は、南大門からまっすぐ境内を抜けた突き当たりに、山のすそ野を利用して造られている。

太子廟のある場所は他の伽藍よりは一段高くなっており、石段を登り、築地《ついじ》をともなった門をくぐった先にある。直径五〇メートル《メートル》・高さ一〇メートル《メートル》ほどの円墳である。円墳上には高い木

図26　叡福寺境内の聖徳太子廟

立の照葉樹が葉を茂らせている。南側に作られた羨道《せんどう》の前面には、唐破風《からはふ》のついたもう一つの門が設けられている。

　磯長墓《しながのはか》には聖徳太子のほかに、相前後して亡くなったその母の穴穂部間人皇女《あなほべのはしひとのおうじょ》、妃の膳大娘《かしわでのおおいらつめ》も一緒に葬られている。玄室《げんしつ》内に三つの棺が合葬されていることから、「三骨一廟」とよばれてきた。

　天喜《てんぎ》二年（一〇五四）、この廟所の近辺で石塔を建てるための地ならしをしているときに、一つの箱が出土した。蓋を開けると、なかには聖徳太子の御記文があった。鎌倉時代の説話集『古事談』によれば、その内容はおおよそ次のようなものであったという。

――私は人々を救わんがために、かの衡山《こうざん》を出て日本に出現し、物部守屋《もののべのもりや》を滅ぼして仏法の威徳を顕《あらわ》した。各地に四十六の伽藍を建立し、千三百あまりの僧尼を得度させ、法華・勝鬘《しょうまん》・維摩《ゆいま》などの大乗の義疏《ぎしょ》を製作し、この世に断悪修善《だんなくしゅぜん》の道を実現した。今年、河内郡《かわちのこおり》磯長《しなが》にある一勝地を点じて墓所と定めた。我が入滅の後、四百三十余歳にしてこの記文が世に出現するであろう……。

これはまさしく、平安時代の後半からしきりに出現する聖徳太子の未来記の一つにほかならなかった。

なお、寺の宝物館には他の寺宝とともに、このとき出土したという瑪瑙石《めのうせき》記文が展示されている。

磯長の変容

聖徳太子の未来記といえばこれに先立つ寛弘四年（一〇〇七）、四天王寺でも『御手印縁起』が発見されていた。当時存亡の危機に瀕していた四天王寺は、この縁起の発見をきっかけとして寺運の衰退に歯止めをかけることに成功し、聖徳太子信仰の寺として再生を果たしていた。

磯長での御記文の出現は、四天王寺での縁起の発見のほぼ半世紀後にあたる。このときすでに『四天王寺御手印縁起』の存在は世に広く知られ、四天王寺は多数の参詣者を集めるようになっていた。磯長の御記文が、聖徳太子信仰の高揚を目の当りにした磯長御廟の関係者によって、その流行に便乗すべく偽作された可能性はきわめて高い。

　聖徳太子御記文の出現がそうしたもくろみによるものであったとすれば、偽作者のねらいは見事に的中した。以後、聖徳太子廟は四天王寺や法隆寺とともに、中世を通じて太子信仰の中心地となっていくのである。

　この御記文の発見以降、聖徳太子廟は人々の参籠《さんろう》の場となった。僧俗貴賤を問わず、人々は願い事を心に秘めては太子廟に籠《こも》り、太子から直々《じきじき》にその解決と実現の方策を授かることを祈願した。天台座主を務め歌人として名高い慈円《じえん》もここに参籠している。『沙石集《しやせきしゆう》』には河内の国の生蓮坊という入道が、太子廟に参籠したときのエピソードが収められている。

　――生蓮坊は年ごろ、真の仏舎利を感得したいという強い志を抱き、激しい修行に励んでいた。あるとき聖徳太子の墓にもうで、ひたすらそのことを祈請しつづけた。するとと夜半のころ、夢に、廟窟《びようくつ》から一人の老僧が出現し、「汝が望むところの舎利のことは、傍らに臥している人物に尋ねてみよ」と語った。はっとして側を見ると、色白で髪を肩にかかるほど伸ばした、二十二、三ほどにみえる歩き神子《みこ》が横臥《おうが》しているのが目に入った。

これこそ夢想の示す人物にちがいないと思った生蓮坊は、神子に声をかけて起こすと、示現の内容を話しはじめた……。

『沙石集』の説話はこの後も続くが、この内容からは、当時聖徳太子廟が参籠のメッカとなっていた様子がよく窺《うかが》える。

親鸞の参籠

弘法大師空海や鎌倉仏教の祖師として有名な親鸞《しんらん》、一遍《いっぺん》も、聖徳太子廟に参籠したという伝説がある。

弘仁元年（八一〇）ことである。太子廟で百日参籠に入っていた空海は、九六日目の夜半に聖徳太子から啓示をえたという（『顕真得業口決抄《けんしんとくごうくけつしょう》』）。

高田専修寺《せんじゅじ》に残る『親鸞夢記《むき》』によれば、親鸞が聖徳太子廟に籠って二日目の夜、霊廟の石の扉を開いて聖徳太子が現れ、親鸞に次のように告げたという。

我が三尊塵沙界を化す　日域は大乗相応の地なり
あきらかに聴けあきらかに聴け我が教令を　汝が命根まさに十余歳なり
命終《みょうじゅう》して速やかに清浄土に入らん　善く信ぜよ善く信ぜよ真菩薩を

阿弥陀三尊は俗塵にまみれた世界を教化しつづけてきたが、この日本こそは大乗の教え

図27　聖徳太子廟と拝殿（『一遍聖絵』より、清浄光寺・歓喜光寺所蔵）

が広まるにふさわしい地である。よく聴くがよい、私は汝に伝えよう。汝が寿命は残すところ十数年。命が尽きたとき、汝は速やかに浄土に迎えられるであろう。いまこそ真の菩薩を信じるときなのだ――。

この資料については真偽両説があるが、次に述べる「聖徳太子廟窟偈《げ》」の書写の事実などから、親鸞がいずれかの時点で太子廟に参籠したことは確実と思われる。

『一遍聖絵《いっぺんひじりえ》』には、方三間の拝殿を具えた廟所の様子が忠実に再現されている。石室の前では一遍を先頭に、時宗の僧たちが念仏を唱えている。当時の仏教者にとって太子廟は、一度は足を運ぶべき聖地と観念されていたのである。

中世の人々にとっては、聖徳太子は単なる死者でも、追憶の対象でもなかった。いまなお廟所の中にいて、人々の祈りに応えては、いつでも石の扉を開いてその姿を現す存在だったのである。

廟窟偈の出現

そうした観念を背景として、いつのころからかこの廟所にまつわる一つの偈が流行するようになった。「聖徳太子廟窟偈」である。これは聖徳太子が生前みずから廟窟内に書き記した偈を、松子という人物がまのあたりにして書き留めたもの、という触れ込みになっている。

仏は大慈大悲の誓願をもって、衆生《しゅじょう》を憐れむこと一子のごとくである。
このゆえに方便《ほうべん》によって西方極楽世界から辺土日本に降臨し、正法《しょうぼう》を興すのだ。
我が身は救世観音《ぐぜかんのん》、妃は勢至菩薩《せいしぼさつ》、
我を生育せし大悲母は西方の教主阿弥陀如来にほかならない。
この三者は本来同一の存在であるが、同時に三つの身を現じている。
いま日本を教化する縁が尽きたので、西方浄土に帰るのだ。
ただ末世のもろもろの有情《うじょう》を救い取るために、
父母所生《ぶもしょしょう》の血肉の身を、勝地たるこの廟窟に遺し留めることにしよう。

三骨一廟は、阿弥陀・観音・勢至の弥陀三尊を含意するものである。この地は過去七仏が法を説いた聖地であり、大乗相応の功徳《くどく》の地である。ひとたび参詣すれば悪趣に堕ちることなく、まちがいなく極楽世界に往生できる。この偈文では聖徳太子が観音菩薩の化身とされると同時に、その母は弥陀、妃は勢至の化現《けげん》とされる。そのうえで、「末世のもろもろの有情」を済度《さいど》せんがために、父母から受けた「血肉の身」をこの廟窟に留めている、と記されているのである。

かの親鸞もこの偈を書写する一方、それを抄出して「三骨一廟文」という文を作っている。聖徳太子信仰の隆盛と「廟窟偈」の流布ぶりを窺わせるエピソードである。

垂迹としての祖師

この偈文で第一に注目される点は、聖徳太子が菩薩の垂迹《すいじゃく》であるとされている点である。聖徳太子は彼岸の極楽世界の菩薩が、末法辺土に生きる衆生を憐れんで、それを救済すべくこの世に出現した存在だったのである。

聖人として廟所に祀られ、寺とこの世を監視しつづける存在となるためには、いくつかの条件を満たす必要があった。一つは聖徳太子の場合のように、その人物が人間でありながら人間を越えた存在と観念されていることだった。彼らは仏の垂迹でなければならなかったのである。

長承二年（一一三三）の「高野山沙門覚鑁申文《しゃもんかくばんもうしぶみ》」は、「太上天皇」が厚い信仰心をもって密厳院三宝供料を寄進して以来、「諸仏も随喜し、大師も定めて護念」されるに違いないと記し、さらに次のように述べている。

聞くところによれば、当山の大師の本地は十方諸仏の能化《のうけ》である大日如来《だいにちにょらい》であり、垂迹は六趣の衆生が帰すべき三地の菩薩である。

真言宗の開祖である弘法大師空海は、大日如来の化身にほかならなかったのである。空海以外にも、祖師として祀られるものは、みな彼岸の仏がこの世にふさわしい姿をとって垂迹したものと観念されていた。いま名前のあがった新義真言宗の祖覚鑁自身、阿弥陀如来の化身とされた。最澄は薬師如来の垂迹だった。

いわゆる新仏教の祖師もその例外ではない。多数の肖像が作製されてもっとも広く祖師信仰の対象となった日蓮は、上行菩薩の垂迹とされた。親鸞の妻恵信尼《えしんに》は書簡のなかで、法然と親鸞の本地がそれぞれ勢至菩薩・観音菩薩であるという夢をみた、と記している。

これらの聖人はいずれも神や仏像と同じく、彼岸の仏がこの世の衆生を救うために、日本にふさわしい姿をとって出現した存在だった。彼らはその威力によって敵対者を排除し仏法を守護することが求められた。その一方でご利益と罰という、いわばアメとムチを使いこなすことによって、性根の悪い此土《しど》の衆生の関心を、究極の仏と真の救済に向けさせるという役割を担っていたのである［佐藤、00］。

体軀の保持

「廟窟偈」でもう一つ注目される点は、「血肉の身」を留めているといった表現に窺われるように、聖徳太子がリアルな身体性を保持した人物として把握されていることである。鎌倉時代の建仁三年（一二〇三）には浄戒《じようかい》と顕光《けんこう》という僧が廟窟の中に入り、聖徳太子が生前とまったく同じ様子で、眠るがごとく横たわっている姿を目の当たりにしたという話も伝わっている（『聖徳太子伝私記』）。

廟堂や御影堂《みえいどう》に祀られる聖人は、此土の監視と賞罰の実施というその固有の使命ゆえに、当時の人々に、彼らがいまそこに実在しているという生々しい存在感をもって捉えられるものである必要があった。そのため、目に見える体軀の保持が不可欠の条件として浮上してくるのである。

高野山に営まれた空海の廟所でも、空海が生前とまったく同様の姿をもっていまも瞑想《めいそう》にふけっているという、入定信仰を生み出していった。観賢《かんげん》や藤原道長がそこで生けるがごとき空海と対面したという伝説が生まれたことは、先に述べたとおりである。『三外往生記』や『平家物語』には空海がみずから廟所の扉を開いて出現し、参籠者に玉などを授けたという話が収録されている。

空海も聖徳太子も、いまなお廟所の中にいて、人々の祈りに応えていつでもその姿を現すことのできる存在と考えられていた。すでに述べたように、空海と聖徳太子は賞罰を与える存在として起請文に勧請され、またその威力をもって寺領を守護する存在と観念されていた。それは、彼らが生けるがごときリアリティをもって実在しているという聖人信仰の高揚と、表裏一体の現象だったのである。

祖師像の役割

しかし、すべての廟所が高野山や磯長のような入定信仰をもつことができたわけではない。入定信仰の対象となりうる開山や祖師の墓所すらもたない寺院も多かった。そこでは肖像彫刻が、生きた聖人の役割を果たすことになった。

御影堂では通常、木彫の等身大の祖師像が安置された。それらは仏法に障《さわ》りをなす悪人を改心させ、正信の道に進ませるというその使命ゆえに、その肖像は可能なかぎり写実的なものでなければならなかった。鋭い眼光が不可欠だった。崇敬の念とともに畏怖の感情を呼び起こす存在――それが祖師像製作にあたって求められた重要な条件だったのである。

平安時代の後半から日本では、写実的な肖像彫刻が数多く造られるようになる。そうした流行は、鎌倉時代にピークを迎える。鎌倉時代の彫刻にしばしばみられる、玉眼を用いた射るようなまなざしと個性的な描写、後から衣服を着せることを前提とした裸形像の出現などは、写実性の追究の中から生まれたものではなかろうか。そのようにして製作され、ひとたび魂を吹き込まれた肖像は、いまや祖師そのものだったのである。

その際、そうした肖像彫刻自体が彼岸の仏菩薩の垂迹と観念されていたことは見逃せない。

京都の曼殊院《まんしゆいん》にある良源像は、その底部に文永五年（一二六八）十月三日付の墨書銘《ぼくしょめい》を有する。そこではこの像が、「慈恵大師の効験《こうげん》」を仰ぎ「濁世末代」の衆生を救うために、本地の観音が三十三の化身を化現《けげん》するにちなんで、「垂迹」三十三体のうちの一体として造立されたものであることが述べられる。肖像そのものが垂迹とみなされていたことを知りえよう。

涅槃に誘う女性

平安時代も後半に入ると、日本の神を仏や菩薩の垂迹とみなす本地垂《ほんじすい》迹《じゃく》説が流行する。だが、仏の垂迹と見なされていたのは神々だけではなかった。ある種の聖人や彼らを模した肖像彫刻もまた、彼岸の仏が可視的な姿をもってこの世界に出現したものと信じられていた。その点からすれば、「本地垂迹」を仏と神との関係にのみ限定して理解しようとする従来の通説は、抜本的に見直される必要があるように思われる。

この問題と関連して、たいへん興味深い事例がある。ある女性が実は仏・菩薩の垂迹であったという説話が、中世には数多くみられるのである。

『十訓抄《じっきんしょう》』や『古事談《こじだん》』といった説話集に収められていて、中世人には周知の話である。

書写山《しょしゃざん》の性空《しょうくう》上人が、あるとき生身の普賢《ふげん》を目の当りに拝したいという強い願望を抱いた。すると、「生身の普賢」をみたくば、神崎の遊女の長に会うがよい、という夢告をえた。不思議に思いながらも長者の家を訪ねると、客を迎えての遊宴乱舞の真っ最中だった。

長者は横座にいて鼓《つづみ》を打っていたが、性空が目を閉じると、彼女は六牙《ろくげ》の白象《びゃくぞう》に乗った普賢菩薩が人々の法を説く姿に変わった。目を開けると、もとの女人のままだった。

感涙を流して退出しようとする性空をひそかに呼び止めた長者は、このことを口外しないように念を押した後、たちどころに逝去した。（『古事談』による）

思えば、六角堂に参籠した親鸞の前に示現した救世観音も、「玉女の身」として出現し、親鸞を導くことを約束していた（『親鸞夢記』）。

『長谷寺霊験記』には、「濁世の猛々《たけだけ》しい衆生の心を和らげることができるのは、女性だけである。だから私は和光同塵《わこうどうじん》して婦女の身を現じ、国家を護り衆生を利益するのだ」といった、観音菩薩の夢告が収められている。仏菩薩は女性の姿を借りてこの世に出現し、時には男性と性的な関係を結ぶことによって、彼らを彼岸の世界に誘うと信じられていたのである。

聖人信仰と浄土信仰

さて、彼岸の仏菩薩がこの世に出現したのは、末法辺土の悪人を導くためであった。その姿を目にすることも、その声を聞くこともできない遠い世界の仏たちでは、末法の衆生が信仰心を起こすことは容易ではなかった。そこで彼岸の仏は、そうした衆生に仏法の威力を示して信心を催させるべく、可視的な姿をとって此土に出現した。

聖徳太子や弘法大師、慈恵大師はまさにそうした存在だった。彼らは激しい賞罰を駆使することによって、仏法を守護し人々を正信《しょうしん》へと導き、最終的には彼らを彼岸の浄土に誘うことを使命としていた。四天王寺や聖徳太子廟のように、聖人信仰が一見無関係とも思える往生浄土の信仰と結びつく必然性はここにあったのである。

平安時代の後半から次々と編纂される往生伝では、人々が聖徳太子の元に詣でて往生を願うという話が収められている。丹波国の沙門仙命は四天王寺の精霊院の前で、手の中指を灯火にして燃やすという苦行を行なって、太子の尊像を供養したという（『拾遺往生伝』）。また永暹は入滅にあたって磯長の聖徳太子の墓前で命を終えることを願い、弟子の手輿《たごし》に乗ってそこに向かっている（『後拾遺往生伝』）。聖徳太子は阿弥陀仏の脇士である観音菩薩の垂迹だったがゆえに、人々を浄土に導くという使命を負っていたのである。

そうした聖人の役割ゆえに、やがて聖人の膝元に骨を納めることによって極楽への往生が可能になるという信仰が生まれた。納骨の風習である。

私たちは次に中世の納骨信仰のメッカであった奈良の元興寺《がんごうじ》を訪れることにしたいと思う。そして、その信仰の実体と納骨の心性を探ってみることにしよう。

骨と肖像

納骨の寺　元興寺極楽坊

元興寺への道

近鉄奈良駅は地下の駅である。駅ビルを出ると行基《ぎょうき》像がある。その先が東向のアーケード街となっている。途切れることのない人波を縫って南に二〇〇㍍ほど歩くと、三条通りにぶつかる。東向の通りから東に入った路地の先の切り取られた空間には、興福寺境内の松がのぞいていた。

アーケードを出るや容赦ない夏の日差しが目に飛び込んでくる。帽子を目深にかぶり直すと、私はそこから左折して奈良公園の方に向かった。道の左側には、雑貨を扱う猿沢商店街のこぢんまりとした店が並んでいる。その背後の築地からは興福寺の三重塔が突き出している。正面には、木々に覆われた春日山《かすがやま》の姿が望まれた。

図28　元興寺極楽坊本堂

元興寺《がんごうじ》はもともと猿沢池《さるさわのいけ》を挟んで、興福寺と対峙《たいじ》する場所に建てられていた。私は三条通りから別れて、柳の並木がある猿沢池のほとりを歩いた。うだるような暑さのなかで、黄色く濁った水の中を数匹の亀が漂っていた。

猿沢池を半周してならまち通りに入り、私は再び南の方角へと足を運んだ。池のほとりを過ぎたあたりから、どこでも見られるようなありふれた市街地の風景となる。商店や住宅が連なる狭い車道を五、六分も歩くと、突然町中に古風な寺門が出現する。重要文化財となっている東門である。拝観の受付を済ませ、門をくぐって元興寺極楽《ごくらく》坊《ぼう》の境内に入ると、極楽坊の本堂の姿が目に飛び込んでくる。

この本堂は背後にある禅室とともに、もともとは奈良時代に元興寺の僧坊として建立《こんりゅう》されたものだった。鎌倉時代に入って現在の形に改装されたが、ゆったりとした傾斜の屋根と、行基葺《ぶ》きとよばれる丸瓦を重ねた古式の葺き方をもつこの建物は、どこかしら古代の面影を感じさせるものがある。

極楽坊の庶民信仰資料

古い歴史をもつ元興寺極楽坊には、伝統の重みを体現する建造物や仏像などのほかに、もう一つ有名なものがある。数万点に及ぶ中世の庶民信仰の資料である。これらの一部は敷地内にある収蔵庫に展示されている。

梵字《ぼんじ》や年月日が墨書された、たくさんの物忌《ものい》み札がある。白木の位牌が並んでいる。写経者の血を朱や墨に混ぜて書いた「血書経」など、さまざまなタイプの写経が遺されている。こけら経や印仏《いんぶつ》(摺仏《すりぼとけ》)、千体仏、板絵、過去帳などもある。

これらは寺に所蔵されている資料群のほんの一部分にすぎない。失われてしまったものまで考え合わせれば、極楽坊にはいったいどれほどの数の品々が寄託されたのであろうか。信仰者の思いがしみ込んだ膨大な資料の山を辿《たど》ると、それがもつ生の迫力に圧倒される思いがする。

展示品の中でもっとも印象的なのは、全部で五〇〇〇点近くあるといわれる納骨容器である。一番多いのは木製の五輪塔である。底面や背面に骨穴をあけて、水輪ないしは地輪に骨を納めることができるようにしつらえてある。釜や壺の形をした陶製の蔵骨器もたくさん残されている。竹筒や曲物《まげもの》を納骨容器に転用したものもみうけられる。

図29　厨子入智光曼荼羅（奈良市・元興寺所蔵）

納骨というと、私たちは地面に骨を埋める行為を想像する、しかし、これらの容器は土中に埋納《まいのう》されたものではなかった。納骨五輪塔にはクギ穴が残されているものが多い。それは骨を入れたまま、本堂内の長押《なげし》や壁に打ち付けられたのである。陶製の納骨壺もやはり本堂内の一角に置かれたと推定される。

いま本堂は中央の三間四方が格天井《ごうてんじょう》の内陣とされ、智光曼荼羅《ちこうまんだら》を納める厨子《ずし》が置かれている。厨子の両わきには智光と頼光の像があり、内陣の周囲は行道《ぎょうどう》できるような形式になっている。堂内に足を踏み入れると、いかにも整然とした清浄世界という印象を与える。しかし、かつてこの本堂には、長押という長押、壁という壁には納骨容器が打ち付けられ、床の上にも数えきれないほどの骨壺が置かれていた。さらに納骨はこの堂の床下にまで及んでいたのである。

元興寺の歴史

元興寺は本格的な伽藍をもつ日本最初の寺院である。四天王寺や法隆寺を上回る長い歴史をもつ有数の古寺であった。

元興寺は崇峻《すしゅん》天皇元年（五八八）、仏教伝来当初から受容派の旗幟《きし》を鮮明にした蘇我《そが》氏の氏寺《うじでら》として、飛鳥《あすか》の地に建立されたという。当初その名を法興寺《ほうこうじ》といった。ライバルであった物部《もののべ》氏が滅んだ後、蘇我氏は絶大な権力を一手に収め、蘇我馬子《うまこ》・入鹿《いるか》親子は聖徳太子とともに仏教興隆に力を尽くした。蘇我氏の氏寺であった元興寺も、日本仏教の中心拠点として大いに繁栄した。

大化改新（六四五年）によって蘇我氏が滅亡すると、元興寺は国家に没収されて官寺となった。和銅三年（七一〇）に都が平城京に移ると、元興寺もそれにともなって奈良に移転した。寺地として、猿沢池を挟んで興福寺と向かいあう広大な土地が与えられ、官寺として東大寺に次ぐ規模と格式を誇った。いまでは想像すらできないことだが、奈良時代には元興寺は興福寺と直接寺域を接していたのである。

このように元興寺は本来有数の規模を誇る官寺だった。また官寺の常として、本来元興寺は寺域内に墓地を営むことはありえなかった。だが現在の元興寺は市街地のなかにひっそりとたたずむ小さな伽藍にすぎない。

かつての壮大な伽藍を誇った元興寺は、いかなるプロセスを経てささやかな骨の寺へと変身を遂げることになったのであろうか。

官寺の終焉

十世紀を起点として、国家の庇護を受けていた官寺に大きな危機が訪れたことはすでに述べた。伝統ある大寺院を襲った変革の嵐は、元興寺にも及んだ。

法隆寺や四天王寺は聖徳太子を表に立て、太子を人々の信仰の対象に祭り上げることによってこの大波を乗りきろうとした。その試みは成功を収め、これらの寺院は後代に至るまでともかくも一つの寺としての体裁を保ちつづけることができた。奈良にある寺でも、東大寺と興福寺はこの変動期を巧みに利用して、巨大な権門寺院へと成長を遂げている。

十世紀から十二世紀に至る時期は、古代社会が中世社会へと脱皮を遂げようとする激動の時代だった。上は支配の頂点に君臨する天皇家から、貴族・寺社・民衆に至るまでのあらゆる階層・あらゆる集団が、この変動にいかに対応するかが求められた。伝統寺院の変貌とコスモロジーの転換も、それと不可分の関係をもっていたのである。

しかし、すべての伝統寺院がこの変動期をうまく乗りきれたわけではなかった。興福寺がさしずめ勝ち組の筆頭であるとすれば、生き残りに失敗した大官大寺《だいかんだいじ》などは負け組の最たるものだった。そして、元興寺もまた、どちらかといえば負け組に入る存在だったのである。

かつて元興寺は奈良では東大寺に次ぐ規模を誇った寺院だった。だが十一世紀には隣接する興福寺の傘下に入ることを余儀なくされた。かつての威勢を失った元興寺に、もはやその巨体を維持する力はなかった。元興寺は総寺としての体裁を保つ努力を放棄した。それに代わって、寺内に散在していた堂舎が独立し、それぞれが小寺院として生き延びる道を選択したのである。

五重の大塔を中心とする東塔院は観音堂となった。吉祥堂を擁する小塔院や僧坊が寺院化した極楽坊もその一つだった。そして、独立した極楽坊の目玉となったのが、智光曼荼羅と浄土信仰である。

十世紀に成立する『日本往生極楽記』には、智光曼荼羅《ちこうまんだら》の成立にまつわる説話が収められている。

智光曼荼羅の由来

――奈良時代のことである。元興寺に智光と頼光という僧がいた。二人は少年の時から同室で修学を重ねた、きわめて親密な仲だった。

晩年に及んで、頼光は突然だれとも口をきかなくなった。智光が何を尋ねても応えようとはしなかった。とこうしているうちに、頼光は亡くなってしまった。

これを嘆き悲しんだのが智光である。仏道修行で一番大切な最後の数年間を無為に過ごした頼光は、死後きっと悪処に堕ちてしまったにちがいない。――こう思った智光は、頼光の生まれ変わった先を知るべく、懸命に仏に祈った。

その祈りが通じたのであろうか、智光の夢に頼光が現れた。彼がいる場所は極楽浄土だった。それを知った智光は、自分もこのまま一緒に極楽に留まることを願った。

「ここは汝のいるべきところではない」

頼光はこういってそれを許さなかった。

「君は極楽に往生できるような修行を何もしなかったではないか。なのに、なぜ極楽にいるのか」

いぶかしく思った智光が、尋ねた。

頼光は答えた。

「私はあるとき極楽浄土に往生することがいかに困難であるかを悟った。そこで一切のむだな言動をやめ、いついかなる場所でも、ただひたすら心中に阿弥陀仏の相好《そうごう》と浄土の荘厳《しょうごん》を観察することにした。その行が成就して、私はこうして浄土に往生できたのだ」

それを聞いた智光は頼光に、自分はどうすれば救われるかを尋ねた。頼光は彼を仏のみ前に案内した。仏は智光に、極楽往生のためには浄土の荘厳を観じなければならない、と説いた。

「私にような凡夫が、極楽浄土の荘厳などをどうして心中に思い浮かべることができましょうか」

この智光の言葉を聞いた仏は、右の手を上げて、掌の中に小浄土を現じてみせた。夢が覚めた後、智光はその浄土の様子を画工に描かせ、日々これを観じてついに往生を遂げた――。

曼荼羅堂の建立

ここに登場する智光が住んでいた場所が、元興寺の東室南階大坊中の一室であった。彼が書かせたといわれる浄土曼荼羅もそこに安置されていた。

元興寺が解体し、それぞれの堂塔が自立を余儀なくされたとき、この僧坊の関係者が着目したのがこの智光曼荼羅である。おりしも浄土信仰が急速に盛んになりつつあった時である。人々は老若貴賤を問わず、みな極楽への往生を願った。そうした状況の中で、仏が衆生を浄土に誘うために示したという元興寺の智光曼荼羅は、しだいに世間の注目を集めていった。僧坊の関係者はそれを自坊再生の切り札と捉え、その由緒と効能を大々的に宣伝していくのである。

智光曼荼羅が衆庶の信仰を集め、参詣者が増加するようになった十一世紀、東室南階大坊では大掛かりな改装が施された。この当時まで残っていた僧坊のうち、東から四房目を通り抜けできる馬道に改造して東端の三房を切り離す一方、そこを仏堂風に改めたのである。これは、いうまでもなく智光曼荼羅を祀るための改装であり、この仏堂は極楽坊あるいは曼荼羅堂とよばれた。鎌倉時代に入って極楽坊はもう一度改造され、現在われわれが目にする極楽坊本堂の姿となった。

法隆寺でも十二世紀に僧坊の一部が聖徳太子を祀る仏堂に改築され、人々を引きつけたことが思い起こされる。

極楽坊が成立すると、やがてそこに集う念仏者の間で念仏講が結成された。百日念仏講といわれるこの講には興福寺の僧を中心に、諸寺の僧侶や在地の有力者が参加した。元興寺はこうして、南都における念仏信仰のメッカとなっていくのである。

寺への納骨の風習は元興寺だけに限ったものではなく、中世では全国各地にみられるものだった。

納骨の寺へ

いまの日本では、寺と墓は切っても切れない深い関係を持っている。寺といえば墓場を連想する人も少なくないにちがいない。しかしすでに述べたように、日本ではもともと寺に骨を納めるという風習はなかった。僧尼も死者の霊魂の救済を祈ることはあっても、遺体そのものの葬祭や処理には携わらなかった。

骨や遺体を特定の墳墓に埋葬して定期的にそれを祀《まつ》ることとは、天皇家などごく限られた特権階級に限られていた。庶民階層の場合は墓すら立てることなく、遺骸は一定の地を定めてそこに捨て置かれ、朽ちるにまかされていたのである。

こうした死体に対する観念に大きな変化が起こるのが十一世紀、藤原道長の時代だった。一言でいえば、遺骨軽視から遺骨尊重への変化がみられるようになるのである［田中、79b］。

それまでは貴族層であっても、火葬にした遺骨を鴨川に流したりするのは珍しいことではなかった。墓地に埋葬して卒塔婆《そとば》を立てても、その後親族がそこに詣でるということはほとんどなかった。遺体や遺骨は、ひとたび葬儀が済んだ後は省みられることのない類いのものだったのである。

ところが十一世紀に入ったあたりから、貴族の社会では故人の墓に詣でるケースがみられるようになってくる。藤原頼通《よりみち》も康平《こうへい》五年（一〇六二）、木幡《こはた》の浄妙寺《じょうみょうじ》に父道長の墓を訪れている。

各地の納骨信仰

遺骨尊重の風潮の高まりに対応するかのように、十一世紀ごろから遺骨を寺に納める例が現れる。『伊勢公卿勅使雑例』には長久五年（一〇四四）の出来事として、比叡山法華堂に納めるために妻の遺骨を運んでいた人物にまつわる話が出てくる。けれども霊場への遺骨納入の風習が本格化するのは、十二世紀の高野山においてであった［田中、79a］。

高野山納骨の早い例は、仁平《にんぴょう》三年（一一五三）の覚法法親王《かくほうほっしんのう》のそれであるという。いま高野山奥の院の参道沿いにある無数の墓塔は、このころから立てられはじめたものであった。『一遍聖絵《いっぺんひじりえ》』には、中の橋の手前から奥の院に至る参道の両側に、すき間なく卒塔婆が林立する情景が描かれている。

納骨の習慣はやがて広く各地に及んでいった。西国では長谷寺《はせでら》や室生寺《むろうじ》が早くから納骨の場となった。近年その保存をめぐって議論が戦わされた、横浜市の上行寺東遺跡や磐田市の一の谷遺跡は集団的な納骨の地として有名である。上行寺が都市鎌倉の東の境界であるとすれば、その正反対の西の境界にあたる江ノ島や竜《たつ》ノ口も、死の匂いの立ちこめた場所だった。

東日本でも新潟県の粟島、松島の雄島、名取市の大門山などが、納骨の跡を留めている。立石寺や会津の八葉寺ではいまでも奥の院に歯骨を納める習慣があるという。会津高野山と称される八葉寺では、近年まで奥の院の壁や天井に無数の納骨五輪塔がすきまなく打ち付けられていた。それは元興寺本堂の昔日の光景を彷彿させるものだった。

こうして平安時代後期から鎌倉期にかけて、廟所を中心に霊場といわれる信仰の場が形成された。これらの霊場は、別世界との境界の地であり、彼岸の浄土とこの世を結ぶ通路だった。そこに死者の遺骨が埋納された。骨を霊場に納めることによって浄土往生が可能になるという信仰が形成されたのである［中野、88］。

このような信仰形成の背景に、本地垂迹《ほんじすいじゃく》思想と浄土信仰の高揚があったことはすでに述べたとおりである。奥の院に祀られる聖人《しょうにん》・祖師《そし》は彼岸の仏たちが、此土《しど》の衆生を導くべく垂迹したものだった。その所在地はこの世の浄土であり、彼岸への通路だった。したがってそれらの聖人の膝元に眠ることによって、故人は彼岸の浄土への往生が約束されると信じられていたのである。

ただし現世《げんぜ》の衆生を導くべく垂迹したのは聖人だけではなかった。神々や仏像など聖性を感じさせる存在は、みな垂迹にほかならなかった。それゆえ聖人を祀る廟堂以外に、そうした存在の所在地が人々の信仰を集め、広い意味での霊場となる場合も少なくなかった。春日や山王社の境内はこの世の浄土とされ、その地を踏むことが極楽への近道であることが強調された。また智光曼荼羅が安置された極楽坊なども、そうした例の一つに数えてよかろう。

納骨する理由

ただし、私たちがその存在感をもっともリアルに感じる点において、かつてその姿を目にしその声を耳にした聖人に勝るものはなかった。それゆえ、聖人の所在地はもっとも多く納骨の場となった。聖人は彼岸と此土を自由に往来しつつ、人々の亡魂を極楽世界に送り届けてくれると信じられたのである。

図30　元興寺境内の石仏

私は元興寺の境内を歩いた。こうして外からながめるだけでは、いまの元興寺にかつての納骨の寺の面影を見出すことは難しい。境内の一角に集められているたくさんの石碑や石塔が、わずかに昔日《せきじつ》の信仰を偲《しの》ばせるだけである。

石仏が整然と並べられている。人はなにを願って、これらの石塔を刻み供養したのであろうか。一つ一つの石塔には、だれのどんな思いが込められているのであろうか。なにも語らない五輪塔の側では、紫の桔《き》梗《きょう》が夏の風に揺れていた。

遺骨の意味　納骨信仰を振り返ってきて最後に一つ指摘しておきたいのは、たとえ偉大な開山祖師の遺骨が納められた墳墓があっても、それだけでは聖人信仰の対象となることはなかったし、納骨の地とされることもなかったことである。

醍醐《だいご》寺《じ》では慶長十年（一六〇五）の火災による御影堂焼失後、その跡地から聖宝《しょうぼう》のものと推定される骨の入った石櫃《せきひつ》が発見されている。御影堂は本来廟墓の性格が強いものだったが、後には聖宝ら三師の御影が安置され、そちらが祖師信仰の中心になるのである。

兵庫県の書写山では開山性空《しょうくう》の墓地の上に廟堂が立てられ、その木像が安置された（『播磨書写山縁起』）。円珍の場合も遺骨がそのまま崇拝の対象となることなく、「お骨大師」のように肖像を制作してその中に骨を納めるという手続きがとられた。日蓮入滅の地である池上本門寺の祖師像は、胎内に日蓮の遺骨が納入されている。聖徳太子や空海の廟所でも、実際に納入されているのは骨であっても、肉体を保持した彼らがそこにいるというイメージがあった。

こうした事例から推測すると、聖人が信仰の対象にまで祭り上げられるためには、その遺骨だけでは不十分であったと結論せざるをえない。前節でも述べたように、かの人物の生前の姿を彷彿《ほうふつ》とさせ、そのまなざしを感じさせるようなリアルで可視的な身体性が不可欠だった。御骨の大師の場合のように、骨は像の神秘性を補完する役割は担っても、単独で守護神としての役割を果たすことはなかったのである。

これは日本における骨の信仰を考えるうえで、きわめて興味深いことである。すでに述べたように、中世では骨を重視する風潮が定着し、霊場に納骨する習慣が広く行われていた。

だがこと亡魂を救済する側となると、骨だけでは不十分だった。霊場の中心にあって、運び込まれた骨に宿った死者の魂を彼岸へと送り届ける役割は、身体性を具えた垂迹としての聖人や仏像でなければ果たしえなかったのである。

骨と肖像

なぜ救済する側には生々しい身体性が求められたのであろうか。聖人の場合、なぜ遺骨ではなく写実的な肖像が尊重されたのであろうか。

彼らが賞罰の力を行使するためには、リアルな身体性とまなざしが不可欠だったことは先に述べた。だが、どうもそれだけではなさそうである。もう一つの背景には、日本で古来から存在した、像そのものにある霊力を認める観念が存在するように思われる。

私たちはそれを確認するために、霊力をもつことで有名な一つの肖像を訪ねてみることにしよう。行く先は奈良盆地の南の端、多武峯《とうのみね》である。

肖像という威力　多武峯

桜井駅を出発したバスは、市街を抜けると一路南に向かう。やがて正面に、頂上に茂った木が鶏冠のようにみえる山が現れる。御破裂《ごはれつ》山《さん》である。この山は奈良盆地の南部であれば、どこからでもよくみえる。多武峯談山《とうのみねたんざん》神社は、桜井からみるとこの山の裏手に位置している。

桜井から多武峯へ

田園の中を走る道はしだいに緩やかな登りにかかる。右手に聖林寺《しょうりんじ》の屋根がみえる。和辻哲郎《わつじてつろう》が、「われわれは聖林寺十一面観音の前に立つとき、この像がわれわれの国土にあって幻視せられたものであることを直接に感ずる」（『古寺巡礼』）とその印象を記した、平安時代の十一面観音像で知られた寺である。道は谷の奥に入るにしたがって傾斜を増し、山を左にまくように登っていく。

石垣のある棚田の青々とした稲葉が、風に波打っている。田を吹き抜けた風が、屋敷の側の竹林を大きくゆったりと揺らしている。だれかが植えたものであろうか、谷川に沿った土手には赤いカンナの花が咲いていた。

山を四分の一ほど回り込んだ坂の途中に、多武峯のバス停がある。バスはさらに上の談山神社まで行くが、私はここでバスを下りた。

バス停の前には雑貨を扱う小さな店があり、その先に屋形橋がかかっている。この橋を渡り車道に戻って少し歩くと、木立に埋もれるように東大門があった。ここが多武峯の東の入口である。枡形《ますがた》を模した周囲の石垣とあいまって、城郭の門を連想させる。

ここから杉林の中を、谷川に沿った参道が続いている。車も走ることのできる舗装道路だが、通る人はだれもいない。上り坂に沿って堂々たる石垣が続いている。川を挟んだ向かい側も森になっているが、一度は削平された形跡がみてとれる。かつての塔頭《たっちゅう》の跡であろうか。

参道の途中に巨大な石の摩尼輪塔《まにりんとう》がある。かつて談山神社が寺だったときの名残である。

道を上りきると木立が切れて視界が開ける。秋の紅葉のシーズンには道の両側に売店が

図31　境内側から見た談山神社東大門

建ち並び、祭りの縁日を思わせるにぎわいをみせるが、真夏のこの日には訪れる人影もまばらだった。参道を右に折れたところに鳥居がある。この鳥居をくぐると神社の境内である。目の前に石段が現れ、これを上り詰めれば右に本殿と拝殿がある。左手には重要文化財に指定されている十三重塔がみえる。

多武峯の歴史　天智八年（六六九）、大化改新の主役藤原鎌足《かまたり》は淡海《おうみ》の第《だい》で没した。五十六歳だった。遺骸は高槻市の安威山（阿武山）に葬られた。

このとき長子の定恵は入唐《にっとう》して長安にいた。『多武峯縁起』によれば、定恵の夢中に父が現れ、大和の多武峯に自分を祀って

図32　談山神社拝所と十三重塔

寺を建てれば一族を守護するだろう、と述べたという。多武峯は古来の聖地で、鎌足と中大兄皇子《なかのおおえのおうじ》が蘇我入鹿《いるか》殺害を相談した所だった。その場所は談山神社の背後にある神体山の頂で、いまは談山《かたらいやま》とよばれている。鎌足にとって、多武峯はきわめて縁の深い地だったのである。

帰国後、定恵は弟の不比等《ふひと》とともに遺骨を談山に移し、十三重塔を建立してその心礎に納めた。さらに山上に鎌足のために墳丘を築いた。

その後、十三重塔の南に三間四面の講堂が建てられた。さらに弥勒堂、如法堂も造られ、神殿には鎌足の霊像も祀《まつ》られた。精霊《しょうりょう》院である。これらの伽藍は妙楽寺とよばれた。

多武峯が寺容を整えていく時期は、実際には平安時代に入って以降のことと推定される。おそらく各寺院で聖人信仰が高揚するようになる十一世紀以降のことであろう。

おりしも多武峯は大きな変動に見舞われていた。法相宗《ほっそう》から天台宗《てんだい》への改宗である。平安時代も後半に入ると、南都の雄法相宗と北嶺比叡山との関係は急速に悪化しつつあった。院政期以降は双方が武装して、激しい争論が繰り広げられた。興福寺が支配する奈良盆地の奥深くにありながら天台宗に属する多武峯は、興福寺の大衆にとって恰好《かっこう》の攻撃目標だった。永保《えいほ》元年（一〇八一）、多武峯ははじめて興福寺の悪僧の攻撃を受けた。承安《じょうあん》三年（一一七三）には、一山ことごとく焼失するという憂き目をみている。多武峯もこれに対抗すべく武装化を推し進めたが、その後も被害は避けられなかった。

血なまぐさい争乱に彩られる中世の多武峯は、一方では芸能の揺籃《ようらん》でもあった。能楽の大成者世阿弥《ぜあみ》は、この寺に奉仕する楽人だった。室町時代には大和四座の参勤も行われるようになり、山深い多武峯から新たな能楽の波動が発信されていったのである。

御破裂山の鳴動

平安時代の中ごろから、この多武峯では不思議な現象がみられるようになった。特に有名だったのは、鎌足の墓のある御破裂山の鳴動と精霊院の肖像の破裂である。

『多武峯略記』には、山の鳴動は「百王の理乱」「四海の安危」および「一門の禍福」を告げ知らせるものである、という記述がある。『多武峯略記』はまた「古老」の言葉を引いて、墓山の鳴動はその起こった方角によって原因の所在を教えるものであり、「東は国王・南は（藤原氏の）長者・北は氏人・西は黎民《れいみん》・中央は当山」を指し示す、とも述べている。

御破裂山の上り口は十三重塔の前をさらに西に進んだ所にある。そこにはせせらぎが流れ、小さな滝がある。川の側には岩座《いわくら》があり、竜神が祀られていた。

気温は三〇度を遥かに越え、しかも雨上がりで湿度も高かった。先ほどまでの風もなくなって、数分歩いただけで汗が噴きだしてくるのが分かる。季節のいいときならば山頂をめざす人が列をなすが、さすがにこの日は最後まで山道ではだれとも出会わなかった。そのかわりに、土色をした小さな蛇が一度ならず足下を横切った。

頂上への道は急坂が続く。ひときわ急な木製の階段を上り詰めるとそこは尾根である。ここから道は二手に分かれる。右は、すぐ先が大化改新の密談をしたという談山である。この山は神社の真後ろにあたる。山容の整った談山は、古くは神体そのものとみなされて

図33　御破裂山山頂から見た大和盆地

いたのである。

左へ行けば、二五〇㍍ほどで標高六一九㍍の最高峰、御破裂山の山頂である。植林されたヒバや杉の若い林を縫って、舗装された小道が続いている。だらだらとした坂を上った先には鳥居があり、その先の山頂には円墳がある。そこを裏手に回り込むと展望台があり、三山のある大和盆地を一望できる。遥か平野の果てには、二上山《にじょうさん》の姿が望まれた。

破裂する鎌足像

墓山が鳴動する一方で、精霊院に祀られた鎌足の木像はたびたび破裂を繰り返すようになった。ここでいう破裂とは、木像の頭部などにひびや陥没が生じることである。

承元二年（一二〇八）閏《うるう》四月十三日、多武峯にある藤原鎌足の墓が鳴動し、翌日にはその肖像が「破裂」するという事件が起こった。報告を受けた氏の長者藤原家実《いえざね》は、この異変の意味するところを占わせた。結果は、鳴動は火事や氏族中の病気を、破裂は争いごとの生起を、それぞれ警告するものだった。家実はさっそく使者を送り、鎌足像の前で奉幣《ほうへい》と告文《こうもん》の奉読を行わせ、「朝廷の泰平」と「氏族の安全」を祈願している。

このように多武峯の鎌足墓所とその木像は、たびたび異変を起こすことで広く知られるようになった。そのためひとたび異変が生じたときには、承元二年の場合のようにただちに寺から使者が上京し、その原因を突き止めるべく占いが実施された。

鎌足は実際にさまざまな異変を起こすことによって、社会的な危機や災害の発生をあらかじめ人々に告知するという役割を担っていたと信じられていたのである。

肖像という威力

こうした異変が人々に受け入れられていった背景には、像そのものが人知を越えた威力を持つという古来からの信仰が存在した。

仏像が不思議な力を有するという信仰は、仏教発祥の地インド以来の伝統だった。像は仏舎利と並ぶ信仰の対象としての地位を保持してきた。日本でもすでに最初の仏教説話集である『日本霊異記《にほんりょういき》』に、多くの仏像の霊験譚《れいげんたん》が収録されている。たとえば、次のような話がある。

——聖武《しょうむ》天皇の御代のことである。尽恵寺の仏像が盗難に遭った。ときに、道行く人が、「痛い、痛い」という叫び声を聞いた。馬を止めると、どこかで金属を打つ音がするだけだった。だが立ち去ろうとすると、また悲鳴が聞こえてきた。

いぶかしく思った彼が、従者を遣わして音のする屋内を探らせると、盗人が銅製の仏像を潰している最中だった。

仏像のもつそうした威力は肖像にまで及んだ。『法華験記《ほっけげんき》』には性空《しょうくう》を図像にしたとき、大地が振動したという説話がある。慈恵大師像の建立を発願した九条道家は、その像が「怨霊邪鬼《おんりょうじゃき》」や「厭魅呪詛《えんみじゅそ》」の災いを防いでくれることを期待していた（「九条道家願文案」）。重源《ちょうげん》は自身の死後、自分の肖像が罰を下すことを明言している（「僧重源起請文」）。

像が人間にない力をもつという観念は、縄文時代の土偶などにまで遡ることができるものであろう。ひとたび形を与えられ命を吹き込まれた像は、もはやその素材とは異なった次元の存在へと飛翔を遂げてしまうのである。

垂迹する聖人

ただしそうした仏像・肖像観は、それが特別な力をもつという点においては変化はないものの、十一世紀を転機として大きく変容する。その原因は、彫像の本地―垂迹のネットワークへの組み入れである。仏像や肖像は、彼岸の仏の垂迹として位置づけられた。古代の像がそれ自体である威力をもつと考えられたのに対し、中世の像はその背後に目に見えない広大な仏の世界を背負った存在となるのである。

十二世紀末成立の『多武峯縁起』は、怪異を示す鎌足像を「大権現の変作、極聖の示現」と形容している。鎌足もまた、他界の仏菩薩の変化と考えられたのである。

もちろん古代でも、像の背後になんらかの不可思議な存在を想定することがなかったわけではない。先に上げた尽恵寺の仏像をめぐる説話でも、作者の景戒《けいかい》は話末の評語として、「この例からも、聖霊が実際に存在することが推し量られる」といった旨の言葉を記している。此土《しど》にある像の背後には目に見えない超越的存在＝「聖霊《しょうりょう》」があり、それが仏像の霊異の根源をなしていると観念されていたのである。

しかし、古代においては、それらの超越的存在はその機能や所在についてはほとんど具体的な描写がなされておらず、住所・容姿・機能いずれについても明確であった中世的な他界の仏の観念とは、明らかに質的な差異がある。それはむしろ、目に見えない神が出現するという、古来よりあった遊行《ゆぎょう》神の憑依《ひょうい》のイメージに近いものであったと考えられる。

彼岸の仏は、人間がその姿を見ることもその声を聞くこともできない存在だった。末法の悪世に生きる衆生《しゅじょう》は、そうした抽象的な存在を信じることは容易ではなかった。そこで仏は、日本の人々を導くのにふさわしい姿をとってこの世に出現した。それが神々であり、仏像であり、生身の祖師とその肖像だった。それらは賞罰の力を駆使することによって、人々の目を正しい信仰に向けさせ、彼岸の仏と結びつけるという役割を担うものだったのである［佐藤、00］。

それゆえ聖人たちは、生前はその肉声でもって衆生を導き、死後は肖像という新たな体軀をえて、御影堂の奥からこの世を凝視しつづけた。彼らは仏法に恭順の意を示すものにはその志を讃えて御利益《ごりやく》を施し、敵対するものには容赦ない罰を下すことにいささかの躊躇もみせなかったのである。

再びみちのくへ

私は談山神社の境内の木陰に置かれたベンチに腰を下ろしていた。目の前には、顔をあげることなしにはその全貌を捉えきれない近さで、十三重塔がそびえていた。

湿気を帯びた重い風が、顔の前を通りすぎていくのがかすかに感じ取れた。山登りの後のほてった体には、そうしたわずかの大気の動きさえ心地よく感じられた。

厳寒の平泉から始まった霊場探訪の旅も、すでに半年が過ぎた。ほんの短い間だったような気がするが、その間ずいぶんと多くの霊場を歩いてきた。寒さに震えながら厳冬期の中尊寺を尋ねていた私が、いま真夏の奈良盆地で暑さにあえいでいる不思議さが、一瞬頭をよぎった。

この旅を通じて、私はさまざまなことを学び、いろいろなことを考えた。その間も、私の頭からは常にある問題が離れることがなかった。「中尊寺《ちゆうそんじ》」で取り上げた金色堂のミイラと、「立石寺《りつしやくじ》」、山寺《やまでら》の首である。この旅も、それらの疑問に対する答えを発見することが大事な目的の一つだった。

いつのころからであろうか、それらの疑問について、私の頭の中である解答が徐々に形をなしつつあった。今回の多武峯の探訪で、それはかなりはっきりした確信に変わった。十三重塔を見上げながら、いま私の心中に、現場を歩いてその仮説を検証してみたいという気持ちが強く沸き上がってきた。

東北に戻ろう。これまでの成果を携えて、改めて中尊寺と山寺を歩いてみよう。――身はうだるような多武峯にありながら、私の心はすでに遠いみちのくに飛んでいた。

霊場の風景　恐山

五大堂からの視界

八月も終わりに近い暑い日、私は立石寺《りっしゃくじ》を訪れた。週末にもかかわらず、人影は閑散としていた。何度も来ている私にとっても、これほど参拝者の少ない山寺《やまでら》ははじめてだった。

芭蕉も聞いたであろう蟬時雨《せみしぐれ》の降り注ぐなか、山門から石段を登っていくと、前方にのしかかるように巨大な垂直の岩が現れる。百丈《ひゃくじょう》岩である。

岩に沿うようにジグザグに造られた急な階段を上り詰めると、性相院のある見通しのよい中腹に辿《たど》り着く。そこで奥の院に向かうメインの参道と別れ、左手に山肌につけられた小道を辿ると百丈岩の頂上付近に出る。岩の上には慈覚《じかく》大師を祀《まつ》る開山堂があり、その横

図34　立石寺百丈岩の上に建つ納経堂

には突きだした岩のてっぺんに納経堂がぽつんと建っている。

いまは立ち入ることはできないが、慈覚大師の入定窟《にゅうじょうくつ》は百丈岩の最上部、この納経堂の裏手にある。そこは谷を一望のもとに見渡すことのできる、立石寺でもっとも見晴らしのよい場所だった。

入定窟からの眺めこそ体験できないが、それに近い視界をえることのできる場所がすぐ隣にある。山寺随一の展望の名所、五大堂である。五大堂は、開山堂の前から岩の間の小道を抜けてすぐのところにある。木製の階段を踏んで舞台造りとなっている堂内に上ると、さえぎるもののない一八〇度の展望が開けている。足下はそのまま深く谷に落ち込んでいて、私にはとても手すりから身を乗り出す勇気はない。

目の前には左から右に立谷川が流れ、川と並行して仙山《せんざん》線の線路が続いている。正面には馬形の集落を貫いて二口《ふたくち》街道が彼方へとまっすぐに続き、その遥か先には、半ば雲に覆われた二口峠が望まれた。

入定窟は、山寺の中でもっとも展望のよい地点に設けられていたのである。

入定窟内で瞑想していると信じられた慈覚大師は、貞観《じようがん》六年（八六四）に死亡している。観賢《かんげん》が入定した弘法大師と対面したとされるのは、この半世紀後のことだった。

山寺の聖人信仰

十一世紀に入ると、真言や天台系寺院を中心に聖人信仰が急速に高揚し、各地に廟所が作られていく。そうした状況の中で、なんらかの手段で慈覚大師の遺骨を入手していた立石寺もまた、再出発を遂げるにあたってその目玉として、開山大師がいまなお寺に君臨しているという信仰＝入定信仰を作り上げようとした。そして、その計画の主役を担ったのは、各地の聖人信仰の実体とその高揚ぶりを熟知し、中尊寺《ちゆうそんじ》や黒石寺《こくせきじ》でも活躍していた天台系の聖《ひじり》たちだった。立石寺が単なる行者たちの修練の場から、庶民を引きつける中世的な霊地へと脱皮するためには、慈覚大師の力が不可欠だったのである。

立石寺の具体的活動が資料的に裏付けられるようになるのは、十一世紀から後のことである。根本中堂の隣にある日枝山王社は、延久四年（一〇七二）に近江坂本より勧請《かんじよう》されたと伝えられる。中世寺院としての立石寺の再建は、このころから本格化したものと推定される。立谷川に沿って土地の開発と囲い込みが進められ、それと並行して要所要所に堂舎が建立された。十二世紀半ばの「立石寺如法経所碑」には、慈覚大師の「霊窟」についての言及があり、その時点で入定伝説が存在していたことは疑いない。入定伝説は山寺の再開発が進む中で、十一世紀末から十二世紀前半のいずれかの時点において作り上げられ、定着していったのである。入定窟の金棺が、平泉三代のミイラが納められていたものと類似しているという指摘は、その推測を裏付けるものであろう。

入定信仰形成にあたって、山寺には聖人信仰の聖地となりうべき恰好の場所があった。現在の入定窟である。

平安時代から本格的に造られはじめる山の寺は、聖人信仰の本格化にともなって、従来の信仰に中心であった本堂や金堂に加えて、廟所・開山堂といったもう一つの信仰の核をもつようになる。それらはいずれも寺の最奥部の、もっとも見晴らしのよい地点に設けられるのが常だった。そこに祀られた聖人は、古代的な官寺の枠を越えて発展しようとする寺院の守護神として高みから周囲を睥睨《へいげい》するとともに、彼岸の仏の垂迹として、人々を他界に誘う存在とされたのである。

山寺の入定窟は、まさしくそうした廟所としての立地条件を完璧に満たすものだった。しかし、慈覚大師の入定伝説を構築しようとするにあたって、決定的な問題があった。どのようないきさつかは不明ながら、頭部の骨を欠いていたことである。

なぜ首が必要か

すでに述べてきたように、聖人信仰形成にあたっては、祀られる対象としての聖人が身体性を具備し、いまなお視線をこの世界に向けているという強いリアリティが必要だった。磯長《しなが》の聖徳太子墓や高野山の奥の院では、祖師がそこに肉体を留《とど》めているという入定伝説の前提として、完全な遺骸が埋納されているという事実があった。聖人の全身がいまこの場に存在するという生々しいイメージが、入定信仰のリアリティを支えるうえでは不可欠の条件だったのである。

ところが山寺の慈覚大師の場合には、遺骸の頭部が欠落していた。頭骨なしでは、大師がこの世に向けているというまなざしを想像することも、彼がそこに全身を留めているというイメージを掻立てることも、きわめて困難だった。

どうすればいいのか。

——たりないものを補えばよい、というのがその結論だった。

思えば、遺骨をもたない寺では、等身大の肖像がりっぱにその代役を果たしていた。魂を吹き込まれた肖像彫刻は、生きた聖人そのものと信じられた。祖師の遺骨を祀る廟所でも、醍醐寺《だいごじ》のように祖師のまなざしのリアリティを確保するために、あえて肖像彫刻の方を表に立てる場合さえあったのである。

そこで立石寺では、欠落した慈覚大師の頭蓋骨を本人に似せた頭部の肖像彫刻で補い、体骨と一体化して豪華な金棺に入れて岩窟に納めた。そのうえで、慈覚大師がいまなおそこに肉身を留めているという伝説が作り上げられていったのである。

こうした推測を裏付ける証拠はない。この骨や彫刻自体が慈覚大師に関わるものであるという確証すら、実はなにもない。頭部像の製作時期も不明である。だがこれまで歩いてきた霊場の例からみて、肖像と体骨をワンセットにした岩窟への納入を、平安時代の後期に高揚する聖人信仰、なかんずく入定信仰の系譜に位置づけることがもっとも自然な解釈のように思えてならない……。

そうしたことを考えながら、私は舞台上に腰を下ろしてぼんやりと遠くを眺めていた。ヒグラシが一斉に鳴きはじめた。遠くで一つ雷鳴が響いた。いつの間にか日差しはなくなり、二口峠はすっかり雲に閉ざされていた。驟雨《しゅうう》が白いレースのカーテンとなって、揺れながら谷を横切ってこちらに近づいてくるのがみえた。

奥の院としての金色堂

山寺に続いて中尊寺を訪れた私は、金色堂《こんじきどう》の覆堂の前にいた。金色堂は現在では巨大な杉の木々にすっぽりと包み込まれるようにして建っている。金色堂からの展望はまったくない。けれども金色堂のそばに建って周囲を見渡すと、この場所が周囲より一段と高くなっているのが実感できる。

金色堂竣工二年後の大治《だいじ》元年（一一二六）、清衡《きよひら》最後の大事業となった鎮護国家大伽藍一区が完成する。この伽藍群は、金色堂の東南の膝下《しっか》に位置する大池跡を中心に作られたという［入間田、02］。いま中尊寺では金色堂の背後に奥の院が存在するが、金色堂の創建当初、その敷地は寺の境内でも、もっとも奥まった高みに位置していたのである。

私は金色堂を出て、隣の建物である讃衡蔵《さんこうぞう》との間にある道を南に向かって下った。上からではわからないが、この道から見上げる金色堂は相当に急な崖の上にある。金色堂は寺の境内でもっとも奥に位置していただけではない。そこは切り立った崖の上にある、孤立した高みだったのである。

私がもう一つ気になるのが、金色堂創建当時の関山《かんざん》の景観である。いまでこそ、この山は樹齢数百年の巨木で覆われている。しかし、これらの木々は江戸時代になってから伊達

図35　中尊寺金色堂と讃衡蔵の間の道（右上が金色堂）

藩の援助で植えられたものだった。十二世紀には、まったく違った光景が広がっていたのではないか。

もしこれらの木々がなかったとすればどうであろう。金色堂からは、おそらくかなりの視界を確保できるにちがいない。そして、その視界の先には平泉の町並みが広がっていたのである。

こう考えてくると、秀衡《ひでひら》の館《たち》が「金色堂の正方」（正面）にあたる、と記した中尊寺の衆徒の言葉（『吾妻鏡《あずまかがみ》』）が、にわかに重みを増してくる。秀衡の御所と金色堂は、たんに方角を意識しただけの位置関係ではなく、実際に相互の視線が絡み合う場所に立地されていたのである。

境内の最奥部にあって、周囲を一望にできる地点。――これはまさに平安時代の山の寺における廟所の条件にほかならなかった。金色堂は中尊寺の廟所に相当する地点に建立されていたのである。

なぜミイラか

現在、中尊寺のミイラは往生の証《あかし》として不壊《ふえ》の肉体を留《とど》めたもの、という解釈が有力である。清衡が生前から熱心な往生浄土の信仰を抱いていたことは、その「願文《がんもん》」などから明らかである。金色堂そのものが阿弥陀仏を本尊とする、当時流行した阿弥陀堂の形式を踏襲《とうしゅう》するものだった。

しかし、私には清衡の往生信仰がそのままそのミイラ化へとつながっているとはどうしても思えない。むしろ平安期における山の寺の形成―祖師信仰の高揚という状況の中で、聖人祖師がいまもそこにいるというリアリティの追求の流れ受けて清衡のミイラが作られ、中尊寺の奥の院にあたる金色堂に安置されたと考えるほうが、より蓋然性の高い解釈ではなかろうか。清衡の死去の時期には、黒石寺や立石寺で入定信仰を鼓吹した天台系の聖たちが、中尊寺でも活躍していたことも思い合わせるべきであろう。

ミイラと浄土信仰の関係を重視する研究者は、往生者が不壊の肉体を維持していた証拠として、「往生伝」などから多くの例を挙げる。だが、その多くは殯《もがり》の期間中のことをいっているのであって、遺体は最終的には火葬ないしは埋葬されている。生前のごとき肉体をいつまでも留めているという記述も、彼岸浄土への往生の確証というよりは、弘法大師に始まる入定信仰―聖人信仰の系譜で考えるべき事象ではなかろうか。

清衡のミイラのまなざしは遠い浄土に向けられていたのではない。あくまで此土世界を見据えていたのである。それは金色堂が、下界を見下ろすことのできる展望のよい高台に建立されていたことからも裏付けられる。

安元二年（一一七六）三月十六日の日付をもつ『紺紙金字法華経《こんしきんじほけきょう》』の奥書には、秀衡らと並んで、「中尊寺金色堂所天聖霊藤原基衡《もとひら》」の名がみえる。秀衡の時代には平泉の人々の間では、基衡の「聖霊」は金色堂に留まっていると観念されていたのである。

守護神としてのミイラ

十二世紀には、寺域中の聖なる空間は彼岸浄土との通路と観念されるようになっていた。そこに鎮座する聖人は彼岸の仏の垂迹だった。聖徳太子も弘法大師も慈覚大師も、遠い世界にいる仏菩薩が此土の衆生を導くために姿を現した存在とみなされていたのである。

清衡はこの世の浄土である金色堂に祀られることによって、往生者であると同時に、彼岸から垂迹《すいじゃく》した現世の守護者となった。彼は遠い浄土と此土を自在に往返しつつ、平泉の町と子孫の居館を見下ろす山上にあってこの世を監視し、奥州の衆生を浄土へと導く存在と位置づけられたのである。これは平安時代中期以降に展開する聖人信仰とまさしく軌を一にするものだった。

鎌倉の街と大倉《おおくら》幕府を眼下に望む北山法華堂には、源頼朝の御影《みえい》が安置されていた。また多武峯《とうのみね》山上の鎌足《かまたり》像は、この世の起こるであろう異変を察知し、それを子孫に告げ知らせてくれる存在と信じられていた。入間田宣夫氏は、平泉と鎌倉ではともに山上に位置する先祖の視線が強く意識され、それが都市プランを規定していたことを指摘している［入間田、94］。

人が常に垂迹――御影や仏像や神々――のまなざしを意識し、その助力をえなければならない時代が、こうして到来することになったのである。

恐山の秋

霊場をめぐる一連の旅の締めくくりに、私は再び下北の恐山《おそれざん》を訪れた。

夏の大祭が終わり、紅葉のシーズン前のこの時期は、人々の姿もまれだった。空は抜けるように青く、道端ではアキノキリンソウが黄色い花をつけていた。かつて目にした大祭のにぎわいぶりを思い返しながら、私は人気のない地獄を歩いた。

振り返ってみれば、これまでの旅では多くの発見や収穫があった。

――平安時代に入ると、本格的な山の寺が造られはじめたこと。平安時代中期からは、聖人信仰の高揚にともなって寺内にもう一つの聖域が誕生し、寺院のコスモロジーそのものが大きく変容していったこと。祀られる聖人の条件として「垂迹」と「身体性」が不可欠だったこと。霊地に骨が納められたのは、聖人が末法の衆生を彼岸へと導く「垂迹」と観念されていたことによるものだったこと。中尊寺のミイラと立石寺の首は、こうした霊場形成のプロセスと聖人信仰のコンテクストを踏まえることによって、一つの解釈が可能になること……。

これらのことを考えるにあたっては、多くの先行研究を参考にさせていただいた。私が述べたことのなかには、それぞれの専門分野の世界では常識に属することがあるかもしれない。それでも、霊場を一つ一つ歩き、疑問に思ったことを自分の目で確認できたのは大きかった。

霊場の条件

霊場巡りの旅を終えて改めて感じるのは、霊場はそこに足を運ぶ人間がいてはじめて霊場たりうるという、きわめてあたりまえの事実である。

私たちが現在目にする霊場は、いずれも強い聖性を感じさせる場所である。恐山も立石寺も高野山も、そこにいるだけで、名状しがたい感覚が心の深いところからわき上がってくる。

けれども、そうした地ならば霊場に限らず、日本中のどこにでも見出すことができる。たとえば八幡平《はちまんたい》周辺の山中には、いたるところに蒸気が噴きだす恐山以上に荒涼とした場所があるのを、私は実際に目の当たりにしている。二口山塊の奥深く踏み込めば、山寺の百丈岩よりもすさまじい迫力を持った岩盤がそそり立ち、白糸のような滝がその岩を洗っている。多くの岳人がそうであったように、私もまた思わず立ちすくむような荘厳な光景を山中で幾度となく目撃してきた。

しかし、そうした場所は霊場ではない。いかに神秘と聖性に満ちた地であっても、そこがそのまま霊場となることはなかった。ある場所が霊場となるためには、その地と人間との長く深い関わりが不可欠だった。たくさんの人々がそこに足を運び、その思いと祈りの心がその地に幾重にも蓄積されていくことが必要だったのである。

プリーの海岸で

私は東インドのヒンズーの聖地、プリーで見た不思議な光景を思い出す。プリーはサンゴのかけらでできた白い砂浜がどこまでも続く海岸である。囚人護送車のような古ぼけたバスに揺られての長旅を終えて、私がそこに辿り着いたのはもう日も暮れようとする時間だった。

図36　インドの霊場プリーにあるジャガンナート寺院

私は海岸に出た。海辺には視界の及ぶかぎり、数えきれないほどたくさんの人々がいた。正装している人も多かった。みな波打ち際に立ったりしゃがみ込んだりして、海の彼方をみつめていた。

その方角に日が沈もうとしているわけではなかった。なにか特別なものがみえるわけでもなかった。それまで数日にわたってバスの車窓から眼にしてきた風景と、まったく同じ海岸線と水平線が続いているだけだった。

日はすでに沈み、灰色の雲を映した暗緑色の海面が遠くで空と溶け合った。海岸に立つホテルの明かりが、輝きを増した。それでも立ち去ろうとする人はほとんどいなかった。だれもがただじっと海をみつめていた。

私はそばにいる人に、何をしているのか尋ねようと思った。しかし、なぜか突然、それが意味のないことであるような気がした。私は開きかけて口を閉ざし砂の上に腰を下ろすと、人々の群れに交じって闇に閉ざされていく海面を眺めつづけた……。

なんの変哲もないようにみえるこの海岸が、いまこれだけ多数の人間を引きつけるのはなぜであろうか。周辺の海岸と、この聖地を隔てるものはいったいなんであろうか。それはこの地にまつわる聖なる伝承や秘跡の逸話だけではあるまい。その伝説の上に長い年月にわたって塗り重ねられてきた、人々の願いと祈りの心だったのではなかろうか。

心の地層を掘る

私はあてもなく恐山の地獄を歩きつづけた。だれが立てたかもしれない風車が、人気のない砂礫《されき》の野で回りつづけていた。立木の枝に結ばれた白い手ぬぐいが、手招きするかのように風に揺れていた。

かつての私の目には、この風車も手ぬぐいも、恐山の異界の光景を引き立てる小道具としか映らなかった。だが、いま私は、これらの品々に託された思いがいくぶんなりとも理解できる。

風車だけではない。堂内に積み上げられた古着の一枚一枚にも、手向けられた一本の線香、一個の菓子にさえも、その背後には私の知らない人生があり、誰かを偲《しの》ぶ心が込められていることに思いを致すことができるようになった。

いま私たちが目にする霊場は、そうした祈りの心が長年にわたって厚く積み重なった、目にみえない心の地層の上に成り立っている。霊場を霊場たらしめているのは神仏や死者だけではない。むしろ故人を悼《いた》み神仏にその善処を願う生者の心なのだ。

私にはいま、この地にしみ込んだ幾歳月にわたる何千、何万という人々の見えない思い、聞こえない声が感じられる。だが研究者としての私は、そこに留まることは許されない。次には、それぞれの霊場に蓄積された心の地層に試掘坑を掘り、その構造と特色を明らかにしていくという、さらに困難きわまりない作業が待っているからである。

けれども、それはまた明日考えればいいことだ。今日は難しいことは抜きにして、この地の匂いをかぎ、景色を心に刻みつけよう——。

私は湖岸に向かって、線香と硫黄の臭いの漂う砂礫の道をゆっくりと下った。

変貌する霊場――エピローグ

骨を拾う

犬が死んだ。

私は亡骸の入った段ボール箱を片手に抱え、もう一方の手にはコンビニエンスストアで買い求めた薪の束を下げ、河原へと向かった。

ついこの間まで芋煮会に興じる人々でにぎわっていた広い河原に、人影はなかった。流木と薪で井桁《いげた》を組んで箱を載せ、灯油をかけて火をつけると、炎は勢いよく燃え上がった。黒い煙はすぐに白く変わった。煙は一本の糸になって、見えない手で引かれているかのように、真っ青な空に吸い込まれていった。

熾火《おきび》の表面が白く変わったころ、日はすでに西の山の端にかかっていた。私は残り火をかき回して、骨を探した。

骨があった。小さな骨だった。茶色に変色した金属のピンが入ったものがあった。骨折した前脚の骨だった。

拾った骨は陶製の茶壺に納めた。主なものを拾い終えると、たき火の跡に砂と小石を丹念にかぶせた。

後始末が終わって立ち上がった。はじめて寒さを感じた。風が出てきたのか、冬枯れの一群のススキがふいに揺らいだ。大きくそよぐススキの白い穂が、長い飾り毛をなびかせて河原を走り回っていた子犬のころの姿を連想させた。

壺を掲げた私は足元を気にしながら、暗くなりかけた河原を道路の方に向かった。浮き石を踏んで体が揺れた。壺の中で、骨がかちり、と小さな音を立てた。

私は足を止めた。日はすでに山に隠れ、西の空だけが赤みを帯びていた。

壺を振った。乾いた音がした。犬と分かち合ったさまざまな思い出が、堰を切ったようによみがえった。

骨を運ぶ人々

再度の蒙古襲来の危機が間近に迫っていた弘安二年（一二七九）のことである。佐渡から甲州の身延《みのぶ》へと向かう一人の男の姿があった。その首には、骨を納めた箱がかけられていた。男の名は籐九郎守綱、遺骨の人物は彼の父である阿仏房である。

文永八年（一二七一）、日蓮は佐渡へと流された。流人《るにん》としての四面楚歌の中で、島の住人としてはじめて日蓮に帰依し、その外護者となったのがこの阿仏房と妻の千日尼である。

日蓮はまもなく許されて鎌倉に戻り、その後甲州身延へと入山するが、阿仏房との交流は身延時代にも続いた。阿仏房は高齢の身をおして、三度にわたって佐渡から身延を訪れている。弘安二年阿仏房が没すると、千日尼はその遺骨を息子の守綱に託し、身延の日蓮の元に納めようとしたのである。

十二世紀ごろからみられるようになる霊場への納骨の習慣は、鎌倉時代には広く一般化していた。守綱のように遺骨を携えた多くの人々が、霊場へと足を運んでいたにちがいない。富士の巻き狩りで工藤祐経《すけつね》を殺して仇討《あだう》ちを遂げた曾我兄弟の骨を、虎御前《とらごぜん》は首にかけて信濃の善光寺をめざしたという。『沙石集《しやせきしゆう》』には、亡き母の骨をもって高野山を訪れようとしていた性蓮房という僧の話が収められている。

霊場に遺骨を運んだ人々にとって、その旅は死者との語らいと別れの道のりだった。中世では、霊場は究極の救済への一つのステップと考えられていた。骨を携えて遠い霊場へ足を運ぶことは、当時の人々が死者に対して示しうる精いっぱいの好意だった。

その旅の途中で、人は骨を抱きしめ、その音を聞き、死者と対話を重ねた。死者と共有する時間の中で、分かち合った過去を振り返り、遠い彼岸の世界に去り行くものに別れを告げる。――それは時間に追われる現代人には想像もできない、死者とともに過ごす充実した時間だったにちがいない。

霊場成立の背景

現在まで続く日本の遺骨尊重の風習は、世界中どこにでも普遍的にみられる現象ではない。遺骸を川に流して、墓を造らない人々がいる。生前の姿をできるだけ忠実に残そうとする人々もいる。墓を造る場合でも、そこに遺体や骨を納める単位は個人から家族・一族までさまざまである。葬祭の仕方には、地域や民族によってほとんど無数のバリエーションが存在する［松濤、91］。

日本でも決して太古の昔から特定の聖地に骨を納める風習があったわけではない。かつては墓は天皇や貴族の特権だった。一般庶民にまで及ぶ納骨の習慣が形成される前提には、霊場の広範な成立が不可欠だった。

日本各地で「霊地」や「霊験所」とよばれる聖地が生み出されてくるのは、中世の成立期にあたる十一世紀から十二世紀にかけての時期だった。おりしも古代的な支配秩序が終《しゅう》焉《えん》を迎えようとする時期にあたっていた。律令体制が解体していくなかで、国家の庇護のもとからはじき出された官寺は、自力で生き延びていくことを余儀なくされた。そのためには、たくさんの信者を寺に呼び込むことがぜひとも必要だった。こうした課題を背負った寺院は積極的に民衆の中に分け入り、布教を推し進めた。その際、寺への人集めの切札となったのが、最奥部に位置する廟所《びょうしょ》に祀《まつ》られた聖人たちだった。

この時期仏教的なコスモロジーは庶民層にまで定着し、その世界観や価値観を規定するようになっていた。現世と隔絶した他界浄土の観念が膨張し、人々の間に浄土往生を求める機運が盛り上がっていた。

こうした状況の中で、十二世紀ごろから寺の由緒と霊験を説く寺院縁起が数多く作られるようになり、霊場の地を踏むことの重要性が盛んに宣伝された。寺にゆかりのある聖人たちは、彼岸の仏の垂迹《すいじゃく》として人を浄土へと導く存在であると規定された。彼らのいる空間はこの世の浄土であるとともに、遥かなる彼岸の浄土への入口であり、そこへ足を運び祈ることによって、浄土への往生が可能になると説かれた。霊場に骨を納めることによって死者の安穏が約束されるという観念も、こうした見方の延長線上に成立するものだった。

かくして彼岸と此岸を結ぶ通路としての霊場が、平安時代後期に至って国土の上に点々と出現するに至る。霊場と霊場を結んで人々が列島上を広範に移動する、巡礼と参詣の時代が始まるのである。

聖の活動

霊場参詣の信仰に加えて中世成立期の寺院が重視したのが、寺の所有する土地（寺領荘園）の拡大である。寺院はみずからへの土地の寄進が、極楽往生へとつながる善行であることを積極的に宣伝した。廟所にいる聖人たちは彼岸への案内人であるとともに、集積された寺領に対する侵犯を監視する役割を負った。彼らは「賞罰」＝アメとムチを使い分けることによって、この世の悪人を悟りの世界に導く存在とされていたがゆえに、仏敵への治罰は本来の役割となんら矛盾するものではなかったのである。

官寺としての古代寺院からの脱却をめざした諸寺院は、積極的に地方にも教線を拡大した。それは地方では廃れていた古い寺院の再興という形態をとった。その役割を担ったのが「聖《ひじり》」とよばれる一群の行者たちだった。

彼らは各地を巡って目ぼしい寺院を再興するとともに、中央から持ち込んだ最新の土木技術を用いて周辺の土地を開発し、囲い込んでその寺の経済的な基盤とした。開発され買得された土地には、所有のシンボルとして要所要所に堂舎が立てられ、神々が勧請《かんじょう》された。そのうえで、寺と寺領全体の監視者として奥の院に聖人を祀った。

かくして中世という新たな時代の幕開けとともに、この列島上に霊場の時代が到来するのである。

変質する霊場

霊場の形成は、古代から中世への転換期に起こったすぐれて歴史的な事件だった。それは、社会構造と世界観の大がかりな変動の渦の中で生じた出来事だったのである。

だが、そこで成立する霊場もそのまま現代にまで持ち越されるのではない。さらに幾度かの転回を経ている。その中でももっとも大きなものは、近世への移行の際に生じた彼岸的世界の縮小である。現世が拡大し遠い彼岸が消失した結果、霊場は彼岸浄土への入口という位置づけから死者が永遠に安眠する地へと、その観念について決定的な変容が生じることになった。

中世以降の霊場の変貌という問題については、いずれまた機会を改めて考えてみることにしたい。それにしても私が強く印象づけられるのは、中世という時代に人々が死者との間で取りもっていた幸福な関係である。

霊場への参詣や納骨の習慣は、いうまでもないことだがそのすべてを宗教的なレベルの問題に還元できるものでない。それは昔から常に、支配や金銭といった世俗的な問題と密接に絡みあっていた。霊場の形成もまた、寺院の再生運動と深く結びついている。にもかかわらず中世の霊場には、まぎれもなく生者と死者が共有する現代とは異質な時空があった。

これまでの人生の中で、私も少なからぬ数の葬儀に臨んだ経験をもっている。失った親族も一人や二人ではない。その葬祭に出席するたびに、それがあまりにも儀式化し、その煩瑣《はんさ》な作法を遵守《じゅんしゅ》しようとするだけで精力の大半を浪費してしまう、という感慨を抱くことが多かった。葬儀が終わった後で、死者の前でなにを祈ったのかを思い返して、愕然《がくぜん》としたことも一度に止まらない。

骨を大切にすること、骨を霊場に納めることは、死者を悼む唯一の形態ではない。大事なのはその形ではなく、中身であることはもちろんである。それを前提としたうえでもなお、中世成立期の霊場と納骨の信仰は私たち現代人が忘れ去った、死者と分かち合う密度の濃い時間を思い起こさせてくれるものであるように思われるのである。

あとがき

独立法人化を目前に控えて、大学の校務にかかわる仕事は年々増大する一方である。ここ数年、定年退職される先生方からは、異口同音に、「私はいいときに罷《や》める。君たちはこれからたいへんだ」というういたわりの言葉をいただくのが習わしになっている。

もともと私は何につけ、外を出歩くのが大好きな人間である。しかし、近年は土曜・日曜もなく朝から晩まで雑務や書類づくりに追われ、気軽に大学の外に出ることもままならない状態になっている。そのストレスたるや相当なものがある。

遊びで外出できないならば、仕事で出れるようにすればいい。——そう考えて、本腰を入れはじめたのが霊場論である。

おりしも吉川弘文館の一寸木紀夫さんから、『歴史文化ライブラリー』への執筆をお勧めいただいた。当初提示されたテーマは別のものだったが、霊場について好きなように書かせていただけるということで、仕事をお引き受けすることになった。その成果がこの一冊である。本づくりにあたって、とことんわがままを許してくれた一寸木さんには、捧ぐべき感謝の言葉もない。

そういったいきさつで、最初こそ欣喜雀躍してはじめた仕事だったが、最近の学内情勢はさらに切迫したものになりつつある。週末のわずかな時間をみつけては、走り抜けるように調査や取材を行い、早朝にMドーナッツで原稿を書くというういつものパターンでようやく脱稿にまでこぎ着けた。

今回取り上げた霊場はみな、いく度も訪れたことのあるなじみの場所である。ただしほとんどの場合、その場ではなくあとから原稿にまとめたため、情景や名称などで記憶違いなどがある可能性がある。その際はご容赦いただきたい。

あわただしい中での作業ではあったが、この本の構想自体は相当に長期間にわたって暖め続けたものである。執筆に備えて資料も蓄積してきた。平易な文体を心がけてはいるものの、内容的にはある程度の自信をもっている。

現代社会における各種メディアの急激な発達は想像を超えるものがある。映像表現も日々すさまじい勢いで進化しつつある。

このような状況の中で、活字を主たる媒体とする人文科学の学問が、社会に向けていったい何を発信できるのか。いかにすれば読者の知的な好奇心を刺激し、さらなる知的冒険の旅へと誘うことができるのか。——古典研究に従事する立場として、私はかねがね強い危機感を抱いてきた。本書は読者のウケだけを狙った軽い読み物ではない。そうした問題意識に基づく、新たなスタイルの学問構築の試みである。

この書が狭い学問分野を越えた知の世界に、いくぶんなりとも波紋を起こすことができれば、望外の幸せである。

二〇〇三年七月

佐藤弘夫

引用参考文献

石田一良　一九七五年『形と心―日本美術史入門』芸艸堂

石田一良　一九七八年『ミイラは語る』(『古代文明の謎と発見』五)毎日新聞社

石田茂作　一九五〇年「金色堂の設計と遺体の安置」『中尊寺と藤原四代』朝日新聞社

入間田宣夫　一九九四年「中尊寺金色堂の視線」羽下徳彦編『中世の地域社会と交流』吉川弘文館

岩城隆利　一九九九年『元興寺の歴史』吉川弘文館

追塩千尋　一九九九年「慈覚大師廻国伝説・寺院草創伝説について」『日本中世の説話と仏教』和泉書院

大石直正　一九八四年「中尊寺領骨寺村の成立」『東北学院大学東北文化研究所紀要』一五

小野一之　一九九一年「聖徳太子墓の展開と叡福寺の成立」『日本史研究』三四二

景山春樹　一九七五年「比叡山における御影堂と廟墓」村山修一編『比叡山と天台仏教の研究』名著出版

菅野成寛　一九九二年「都市平泉の宗教的構造」平泉文化研究会編『奥州藤原氏と柳之御所跡』吉川弘文館

久野　健　一九七一年『東北古代彫刻史の研究』中央公論美術出版

黒田　智　一九九八年「大織冠像の破裂と肖像」『年報中世史研究』二三

小林　剛　一九五〇年「伝慈覚大師の木造頭部について」『山寺の入定窟調査について』山形県文化遺産保存協会
五来　重　一九六四年『元興寺極楽坊中世庶民信仰資料の研究』法蔵館
斉藤利男　一九九二年『平泉』（『岩波新書』）岩波書店
佐々木徹　二〇〇一年「陸奥黒石寺における「往古」の宗教的コスモロジー」『岩手史学研究』八四
笹本正治　二〇〇〇年『鳴動する中世』（『朝日選書』）朝日新聞社
佐藤弘夫　一九九八年「地獄と極楽のコスモロジー」『神・仏・王権の中世』法蔵館
佐藤弘夫　二〇〇〇年『アマテラスの変貌』法蔵館
鈴木　尚　一九五〇年「山寺入定窟の棺内人骨について」『山寺の入定窟調査について』
薗田香融　一九八一年「古代仏教における山林修行とその意義」『平安仏教の研究』法蔵館
高橋富雄　一九七七年『天台寺』（『東書選書』）東京書籍
武田佐知子　一九九一年「中世法隆寺と唐本御影」『日本史研究』三四七
田澤金吾　一九五〇年「奥州藤原氏と蝦夷の文化」『中尊寺と藤原四代』朝日新聞社
田中　惠　一九九九年「東北の慈覚大師開基伝承と仏像の形制」『行動と文化』一七
田中久夫　一九七九年a「高野山奥の院納骨の風習の成立過程」『葬送墓制研究集成』三、名著出版
田中久夫　一九七九年b「平安時代の貴族の葬制」『葬送墓制研究集成』五、名著出版
田中文英　一九六九年「一一・二世紀における浄土教の展開」『ヒストリア』五四
土谷　恵　二〇〇一年『中世寺院の社会と芸能』吉川弘文館

中野豈任　一九八八年『忘れられた霊場』（『平凡社選書』）平凡社
西口順子　一九七八年『女の力』（『平凡社選書』）平凡社
華薗聡麿　一九九五年「日本における霊地と霊場」『岩波講座日本文学と仏教』七、岩波書店
橋本初子　一九九〇年『中世東寺と弘法大師信仰』思文閣出版
林　幹彌　一九八〇年『太子信仰の研究』吉川弘文館
速水　侑　一九九五年「『今昔物語集』における霊場参詣勧進説話の形成」佐伯有清先生古稀記念会編『日本古代の祭祀と仏教』吉川弘文館
藤井由紀子　一九九九年『聖徳太子の伝承』吉川弘文館
藤原正己　一九九三年「摂関期における都市・自然・宗教」『仏教史学研究』三六―一
誉田慶信　一九九五年「立石寺」網野善彦・石井進編『蝦夷の世界と北方交易』新人物往来社
松濤弘道　一九九一年『世界の葬式』（『新潮選書』）新潮社
宮崎ふみ子　二〇〇二年「霊場恐山の形成」『環』二〇〇二年八号
宮島新一　一九九四年『肖像画』（『日本歴史叢書』）吉川弘文館
森嘉兵衛　一九五〇年「中尊寺遺体の文献的考証」『中尊寺と藤原四代』朝日新聞社
山折哲雄　一九九〇年『死の民俗学』岩波書店
『神護寺・薬師如来像の世界』（『朝日百科日本の国宝別冊　国宝と歴史の旅』三）一九九九年、朝日新聞社

（この本の性格上、文献は初出ではなく、もっとも入手しやすいものを挙げてある。）

著者紹介

一九五三年、宮城県に生まれる

一九七八年、東北大学大学院文学研究科博士前期課程修了

現在、東北大学大学院文学研究科教授

主要著書

日本中世の国家と仏教　鎌倉仏教　神・仏・王権の中世　アマテラスの変貌　偽書の精神史

歴史文化ライブラリー

164

霊場の思想

二〇〇三年(平成十五)十月一日　第一刷発行

著　者　佐《さ》藤《とう》弘《ひろ》夫《お》

発行者　林　英　男

発行所　株式会社　吉川弘文館

東京都文京区本郷七丁目二番八号

郵便番号一一三—〇〇三三

電話〇三—三八一三—九一五一〈代表〉

振替口座〇〇一〇〇—五—二四四

印刷＝平文社　製本＝ナショナル製本

装幀＝山崎　登

© Hiroo Satō 2003. Printed in Japan

歴史文化ライブラリー

1996.10

刊行のことば

現今の日本および国際社会は、さまざまな面で大変動の時代を迎えておりますが、近づきつつある二十一世紀は人類史の到達点として、物質的な繁栄のみならず文化や自然・社会環境を謳歌できる平和な社会でなければなりません。しかしながら高度成長・技術革新にともなう急激な変貌は「自己本位な刹那主義」の風潮を生みだし、先人が築いてきた歴史や文化に学ぶ余裕もなく、いまだ明るい人類の将来が展望できていないようにも見えます。このような状況を踏まえ、よりよい二十一世紀社会を築くために、人類誕生から現在に至る「人類の遺産・教訓」としてのあらゆる分野の歴史と文化を「歴史文化ライブラリー」として刊行することといたしました。

小社は、安政四年(一八五七)の創業以来、一貫して歴史学を中心とした専門出版社として書籍を刊行しつづけてまいりました。その経験を生かし、学問成果にもとづいた本叢書を刊行し社会的要請に応えて行きたいと考えております。

現代は、マスメディアが発達した高度情報化社会といわれますが、私どもはあくまでも活字を主体とした出版こそ、ものの本質を考える基礎と信じ、本叢書をとおして社会に訴えてまいりたいと思います。これから生まれでる一冊一冊が、それぞれの読者を知的冒険の旅へと誘い、希望に満ちた人類の未来を構築する糧となれば幸いです。

吉川弘文館

〈オンデマンド版〉
霊場の思想

On Demand
歴史文化ライブラリー
164

2018年（平成30）10月1日　発行

著　者　佐《さ》藤《とう》弘《ひろ》夫《お》
発行者　吉川道郘
発行所　株式会社　吉川弘文館
〒113-0033　東京都文京区本郷7丁目2番8号
TEL　03-3813-9151〈代表〉
URL　http://www.yoshikawa-k.co.jp/

印刷・製本　大日本印刷株式会社
装　幀　清水良洋・宮崎萌美

佐藤弘夫（1953～）
© Hiroo Satō 2018. Printed in Japan
ISBN978-4-642-75564-1

JCOPY　〈(社) 出版者著作権管理機構　委託出版物〉
本書の無断複写は著作権法上での例外を除き禁じられています．複写される場合は，そのつど事前に，（社）出版者著作権管理機構（電話 03-3513-6969，FAX 03-3513-6979，e-mail: info@jcopy.or.jp）の許諾を得てください．